# BEI GRIN MACHT SICH IHR WISSEN BEZAHLT

- Wir veröffentlichen Ihre Hausarbeit, Bachelor- und Masterarbeit

- Ihr eigenes eBook und Buch - weltweit in allen wichtigen Shops

- Verdienen Sie an jedem Verkauf

Jetzt bei www.GRIN.com hochladen und kostenlos publizieren

Markus Unterauer

# Entwicklung einer Risikomanagementmethode für kleine und mittlere Softwareunternehmen

GRIN Verlag

**Bibliografische Information der Deutschen Nationalbibliothek:**

Die Deutsche Bibliothek verzeichnet diese Publikation in der Deutschen National-
bibliografie; detaillierte bibliografische Daten sind im Internet über http://dnb.d-
nb.de/ abrufbar.

**Impressum:**

Copyright © 2011 GRIN Verlag GmbH
Druck und Bindung: Books on Demand GmbH, Norderstedt Germany
ISBN: 978-3-656-89024-9

**Dieses Buch bei GRIN:**

http://www.grin.com/de/e-book/288687/entwicklung-einer-risikomanagementme-
thode-fuer-kleine-und-mittlere-softwareunternehmen

**GRIN - Your knowledge has value**

Der GRIN Verlag publiziert seit 1998 wissenschaftliche Arbeiten von Studenten, Hochschullehrern und anderen Akademikern als eBook und gedrucktes Buch. Die Verlagswebsite www.grin.com ist die ideale Plattform zur Veröffentlichung von Hausarbeiten, Abschlussarbeiten, wissenschaftlichen Aufsätzen, Dissertationen und Fachbüchern.

**Besuchen Sie uns im Internet:**

http://www.grin.com/

http://www.facebook.com/grincom

http://www.twitter.com/grin_com

Johannes Kepler Universität Linz
Technisch-Naturwissenschaftliche
Fakultät

# Entwicklung einer Risikomanagementmethode für kleine und mittlere Softwareunternehmen

DIPLOMARBEIT

zur Erlangung des akademischen Grades

## Magister rer. soc. oec.

im Diplomstudium

WIRTSCHAFTSINFORMATIK

Eingereicht von:
Markus Unterauer

Angefertigt am:
Institut für Systems Engineering and Automation

Linz, November 2011

Bedanken möchte ich mich bei meinen Kollegen in der cubido, die diese Arbeit möglich gemacht haben, allen voran Wolfgang Ennikl, David Mariacher und Christian Gschnell. Danken möchte ich auch meinem Nachbarn Bernhard für so manche spannende und interessante Diskussion zum Thema Risikomanagement. Und Danke sagen möchte ich vor allem meinem Betreuer Paul Grünbacher, der mich perfekt unterstützt und mit ans Übersinnliche grenzender Geschwindigkeit Schwächen in meiner Arbeit aufgedeckt und so wesentlich zu ihrem Gelingen beigetragen hat. Den größten Dank schulde ich aber meiner Frau Barbara, die mir in der langen Zeit des Lesens, Schreibens, Tüftelns und Prüfens stets den Rücken freigehalten hat.

## KURZFASSUNG

Softwareentwicklungsprojekte bergen viele Risiken in sich. Gerade in kleinen und mittleren Unternehmen werden diese Risiken meist nicht strukturiert überwacht und behandelt, wodurch ein hoher Anteil der Projekte zumindest einen Teil seiner Ziele nicht erreicht.

Im Zuge dieser Diplomarbeit wird auf Basis wissenschaftlicher Literatur eine Risikomanagement Methode und Werkzeuge speziell für kleine und mittlere Softwareunternehmen entworfen. Kernaspekte der Methode sind zum einen die Integration in den gesamten Projektverlauf vom Beginn der ersten Vertriebsaktivitäten bis zum Abschluss des Projektes. Des Weiteren eine flexible Vorgehensweise, die verschiedene, in der Literatur vorhandene Methoden kombiniert und an die Bedürfnisse von KMU anpasst, sowie die kontinuierliche Verbesserung der Risikomanagement Prozesse und Werkzeuge. Die wesentlichen Schritte der in dieser Arbeit entwickelten Methode sind dabei die Erstellung von an die jeweilige Projektphase angepassten Risikoprofilen, welche mit steigendem Wissensstand immer vollständiger werden und ein Projektreview am Ende eines Projektes, in dem Lessons Learned für das gesamte Unternehmen erarbeitet werden.

Im ersten Teil der Arbeit werden dazu die grundlegenden Problemstellungen und Lösungskonzepte auf Basis des aktuellen Stands der Wissenschaft dargestellt. Darauf aufbauend wird eine Methode für Risikomanagement in KMU Softwareunternehmen vorgestellt und es werden die dafür notwendigen Werkzeuge beschrieben. Die Methode und die Werkzeuge werden in einer Fallstudie validiert, welche im letzten Teil der Arbeit dokumentiert ist.

**Abstract**

Software development projects involve various risks. Especially in small and medium businesses these risks are not managed, which leads projects to failing or not reaching their targets.

In the course of this diploma thesis a risk management method and tools designed for SME software companies are developed. A basic aspect of the method is the tight integration throughout the project, starting with the first sales activities up to the end of the project. It combines different methods from literature to a flexible approach, which fits the special needs of SME. Continuous improvement of method and tools is a central part. The main steps of the method are the creation of several risk profiles, each of them adjusted to the particular phase in the project life cycle, and a project review at the end to derive lessons learned as source for future improvement.

The first part of this thesis contains the problem description and concepts for solving it based on the current state of science. In the main part the risk management method and tools are described. Finally, the last part of this thesis is the evaluation of method and tools in a case study.

# INHALTSVERZEICHNIS

# 1 EINLEITUNG

## 1.1 Motivation und Problemstellung

Nach dem seit 1994 jährlich von der Standish Group durchgeführten „Chaos Report" wurden 2009 32% aller Softwareprojekte abgebrochen und 44% lieferten eingeschränkte Funktionalität, überschritten das Budget oder wurden zu spät geliefert. [1][1].

Die Ursachen für den hohen Anteil an nicht erfolgreich abgeschlossenen Projekten liegen zum einen an der Art des erstellten Produktes. Softwaresysteme sind immateriell und vielfach sehr komplex. Da die Softwareindustrie noch eine sehr junge Disziplin ist, sind deren Methoden und Werkzeuge nicht ausreichend ausgereift, um der Komplexität in der Softwareerstellung vollständig begegnen zu können. In der Softwareentwicklung gibt es zwar eine Vielzahl unterschiedlicher Entwicklungsparadigmen, Vorgehensmodelle und Prozesse, davon kann jedoch keines einen reproduzierbaren Erfolg garantieren [2]. Der Erfolg eines Projektes hängt nach wie vor stark von den individuellen Fähigkeiten der Entwickler ab. Von diesen wird neben einem hohen Maß an Kreativität und technischer Kompetenz eine rasche Auffassungsgabe für die in jedem Projekt neuen fachlichen Anforderungen des Auftraggebers und umfassende soziale Kompetenz im Umgang mit Kunden und Ansprechpartnern gefordert. Softwareentwickler sind daher „im allgemeinen sehr intelligente und komplexe Individuen", was deren Führung oftmals schwierig macht [2].

Viele der Ursachen, die schlussendlich zum Scheitern von Softwareprojekten führen, kündigen sich schon lange vor ihrem eigentlichen Auftreten an. Man spricht zu diesem Zeitpunkt von Risiken, dass Probleme auftreten und Schaden anrichten werden. Beispiele für solche Risiken sind Anforderungen, die zu spät genannt werden, Fehler in zugekauften Komponenten, die umschifft werden müssen, oder der Ausfall von Teammitgliedern.

---

[1] Der Chaos Report wird vielfach stark kritisiert, so auch in dem Artikel von Eveleens und Verhoef. Der jährliche Bericht der Standish Group ist aber eine der meistzitierten Analysen zum Thema gescheiterte IT-Projekte und wird daher auch in dieser Arbeit herangezogen. Im Artikel von Eveleens und Verhoef sind die Methoden und Ergebnisse des Chaos Reports sehr gut dargestellt, er wird daher hier als Quelle verwendet.

Würden die wesentlichen Risiken bereits in frühen Stadien erkannt und rechtzeitig Maßnahmen ergriffen, könnte ein großer Teil der Projekte erfolgreicher angeschlossen werden. Die Praxis zeigt jedoch, dass sich Projektleiter und Entwickler kaum explizit mit Risiken und deren Management beschäftigen. Tun sie dies doch, werden die erkannten Gefahren vielfach nicht kommuniziert, aus Angst als Überbringer einer schlechten Botschaft selbst dafür verantwortlich gemacht zu werden. Werden Risiken dennoch angesprochen, so werden oftmals keine geeigneten Gegenmaßnahmen getroffen. Wird schließlich auch diese Hürde genommen und Maßnahmen geplant, so werden diese inkonsequent ausgeführt und überwacht. Insgesamt ist das strukturierte Management von Risiken in der Softwareentwicklung ein in der Praxis wenig verbreitetes und gelebtes Konzept [3], was wesentlich zur hohen Quote an fehlgeschlagenen Projekten beiträgt.

### 1.1.1 Risikomanagement als Lösungsansatz

Werden Probleme frühzeitig erkannt und die richtigen Maßnahmen eingeleitet, so kann oftmals Schaden verhindert oder zumindest abgeschwächt werden. Genau dies ist die Kernaufgabe des Risikomanagements. Risiken sollen frühzeitig identifiziert und analysiert werden. Es sollen entsprechende Maßnahmen geplant und durchgeführt werden. Da Risiken jederzeit auftreten können, ist Risikomanagement ein kontinuierlicher Prozess, der während der gesamten Projektlaufzeit durchgeführt werden muss [4]. All dies ist seit langem bekannt, Risikomanagement ist daher in viele Vorgehensmodelle und Standards fix integriert (Spiralmodell von Boehm, SPICE, etc.), alleine es scheitert oft an der praktischen Umsetzung.

Ein weiterer wichtiger Aspekt zur Sicherung des Projekterfolges durch ein professionelles Projekt- und Risikomanagement ist das Lernen aus Fehlern und Erfolgen. Erfolgsrezepte und zu vermeidende Fehlerquellen werden von Projekt zu Projekt und von Mitarbeiter zu Mitarbeiter weitergegeben und laufend verbessert. Somit können Erfolge kontrolliert wiederholt werden und die Abhängigkeit von Einzelpersonen sinkt [5].

### 1.1.2 Risikomanagement in kleinen Softwareunternehmen

Der Großteil der Unternehmen in der Softwarebranche ist in den Bereich der „Kleinen und mittleren Unternehmen" (KMU) einzuordnen, hat also unter 250 Mitarbeiter und einen Jahresumsatz von weniger als 50 Mio. EUR [6], [7].

KMU zeichnen sich durch Innovation, hohes technisches Know-How, Flexibilität, wenig Overhead für Management und Administration und kleine bis mittelgroße Projekte aus [8]. Gerade in KMU sind die weiter oben angeführten Ursachen für gescheiterte Softwareprojekte besonders oft zu finden. Die Entwicklungsprozesse sind vielfach sehr unreif und unstrukturiert, der Erfolg hängt in hohem Maße von den beteiligten Personen ab.

Ein professionelles Risikomanagement wird in den meisten KMU nicht betrieben. Manche Projektleiter beschäftigen sich zwar mit möglichen Problemen, nur selten werden diese aber strukturiert identifiziert, analysiert und mit Maßnahmen versehen. Ein kontinuierliches Lernen von Projekt zu Projekt findet selten statt. Risikomanagement ist also, wie viele andere Bereiche im Projektmanagement, unstrukturiert und anlassgetrieben.

Für Risikomanagement in kleinen und mittleren Softwareunternehmen ist eine angepasste Methode mit entsprechenden Werkzeugen unerlässlich. Die Entwicklung einer solchen Risikomanagement Methode ist Inhalt dieser Diplomarbeit.

## 1.2 Persönliche Motivation

In dieser Arbeit werden besonders KMU betrachtet, die auftragsbasiert in Projekten Software für ihre Kunden entwickeln. Viele der durchgeführten Projekte bergen große Risiken in sich, da sie ohne vollständige Spezifikation starten und sehr individuell und innovativ sind. Diese Risiken trägt meist der Auftragnehmer.

Der Autor selbst ist seit über zehn Jahren in der Softwareentwicklung in KMU tätig. Zu Beginn arbeitete er als Programmierer, wurde jedoch rasch mit der Leitung von Projekten betraut. In dieser Funktion lernte er unterschiedlichste Vorgehensmodelle, Werkzeuge und Methoden im Projektmanagement kennen. Im Laufe der Zeit sammelte er viel Erfahrung, welche Risiken immer wieder auftreten und was alles schief gehen kann. In den letzten Jahren nutzte der Autor diese Erfahrung, um in den

Unternehmen, in denen er tätig war, an der Verbesserung der Entwicklungsprozesse, deren Standardisierung und der Einführung neuer Methoden für die Projektleitung mitzuarbeiten. Daraus entstand die Idee für die Entwicklung einer eigenen Risikomanagement Methode für KMU.

## 1.3 Ziele der Arbeit

Im Zuge der Arbeit sollen folgende Ziele erreicht werden:

- *Entwickeln einer Risikomanagement Methode für den Einsatz in KMU Softwareunternehmen.* Die Basis hierfür bilden Methoden aus der aktuellen wissenschaftlichen Forschung. Die Risikomanagement Methode soll leicht in das bestehende Projektmanagement integriert und mit wenig Aufwand von den Projektleitern eingesetzt werden können. Es sollen alle Prozessschritte in einem Softwareprojekt unterstützt werden, beginnend mit einfachen Risikoabschätzungen bei den ersten Vertriebsaktivitäten, über laufend durchgeführte Risikoanalysen während der Umsetzung, bis hin zu Reviews nach Abschluss des Projektes. Die gesamte Methode soll mit all ihren Prozessen, Artefakten und Rollen dokumentiert werden.

- *Konzeptionierung und prototypische Erstellung von Werkzeugen für das Risikomanagement.* Für alle Schritte im Risikomanagement Prozess sollen Werkzeuge konzipiert und in einer prototypischen Version zur Verfügung gestellt werden. Ein solcher Werkzeugkasten ermöglicht es den Projektleitern, Risikomanagement in ihren Projekten effektiv und mit wenig Aufwand durchzuführen. Des Weiteren bilden die mit den Werkzeugen gesammelten Daten die Basis für weiterführende Auswertungen und eine laufende Verbesserung des Risikomanagement Prozesses. Der prototypisch entwickelte Werkzeugkasten kann dann als Vorlage für die Entwicklung der unternehmensspezifischen produktiven Werkzeuge dienen.

- *Evaluierung der Methode und der Werkzeuge in einer Fallstudie in der Praxis.* Erst im praktischen Einsatz zeigt sich, ob die entworfene Methode und die entwickelten Werkzeuge effektives und effizientes Risikomanagement ermöglichen. Es wird daher die Risikomanagement Methode gemeinsam mit den Werkzeugen in Pilotprojekten in einem KMU Softwareunternehmen eingesetzt.

## 1.4 Limitationen bestehender Methoden für den Einsatzzweck

Es gibt bereits viele Risikomanagement Methoden, so z.B. die „Taxonomy Based Risk Identification" von Carr et al. vom Software Engineering Institute der Carnegie Mellon University [9] oder die „Software Risk Management: Principles and Practices" von Barry Boehm [10]. Bei der Literaturrecherche zeigte sich jedoch, dass die gebotenen Konzepte nicht ohne weiteres für KMU anwendbar sind. Die meisten Methoden erfordern hohen Aufwand und viele beteiligte Personen. Dies ist in kleinen Unternehmen aufgrund der relativ geringen Projekt- und Teamgrößen meist nicht möglich.

Des Weiteren berücksichtigen die bestehenden Methoden nicht, dass in der Praxis vielfach bereits vor der Umsetzung im Projektauftrag der Funktionsumfang und das dafür zur Verfügung stehende Budget fixiert sind. Zu diesem Zeitpunkt ist die Erstellung eines vollständigen Umsetzungskonzeptes aus Zeitgründen gar nicht möglich. Der Start von Risikomanagement mit Beginn der Planungs- und Designphase ist daher vielfach bereits zu spät.

Eine weitere Schwierigkeit in der Anwendung bestehender Methoden in KMU ist, dass aufgrund der sehr unterschiedlichen Projekte, Kunden und fachlichen sowie technischen Anforderungen eine einzige, allgemeingültige Methode kaum zu finden ist. Gefordert ist hier ein flexibler Methodenmix, der sich an unterschiedliche Projekte und deren Ablauf anpassen lässt.

Die hier entwickelte Risiko Management Methode setzt auf einer Reihe von bestehenden Methoden auf und kombiniert diese, unterscheidet sich aber in folgenden Punkten von den verfügbaren Risikomanagement Ansätzen:

- *Kleine Softwareunternehmen als Zielgruppe*: Die bisher vorliegenden Methoden wurden für den Einsatz in großen Softwareunternehmen entwickelt. Sie können nicht direkt in KMU eingesetzt werden. Die hier vorgestellte Methode soll kleinen Softwareunternehmen bei der auftragsbasierten Erstellung von Software helfen, Probleme frühzeitig zu erkennen und Schaden abzuwenden.
- *Integration in die Vorprojektphase*: Vielfach starten die Risikomanagement Methoden erst mit der Designphase oder gar mit Beginn der Umsetzung. Bei

Softwareunternehmen, die auf Auftragsbasis Software entwickeln, werden die Weichen für den Projekterfolg jedoch bereits lange vor dem Umsetzungsstart gestellt. Aus diesem Grund ist die Integration des Risikomanagements in die Vorprojektphase und Angebotserstellung unabdingbar.

- **Schrittweise Verfeinerung der Risiko Checklisten:** Wie die meisten verfügbaren Methoden setzt auch die hier vorgestellte Checklisten ein. Im Unterschied zu den bestehenden Konzepten wird aber nicht ein einziges Set an Fragen verwendet, sondern an die jeweilige Projektphase angepasste Checklisten. Bei den ersten Vertriebsterminen ist das Projekt noch sehr vage definiert, entsprechend sind auch die Risikochecklisten noch grob gehalten und sehr kurz. Je genauer im Vertriebsprozess und im Projektverlauf die Anforderungen und die Lösung bekannt sind, desto genauer und umfangreicher werden die Risikochecklisten.

## 1.5 Gliederung der Arbeit

Um die in Kapitel „1.3 Ziele der Arbeit" gesetzte Ziele zu erreichen, gliedert sich diese Arbeit im Anschluss an das Einführungskapitel in fünf große Teile:

1. **Risikomanagement Grundlagen und Konzepte:** Beinhaltet die wesentlichen Grundlagen für Risikomanagement, Vorgehens- und Prozessmodelle und organisationales Lernen, auf denen die hier entwickelte Risikomanagement Methode aufbaut. Es fasst den aktuellen Stand der relevanten wissenschaftlichen Forschung auf diesen Gebieten zusammen.

2. **Risikomanagement Methode für KMU:** In diesem Abschnitt wird die entwickelte Methode beschrieben. Er beinhaltet den grundlegenden Risikomanagementprozess, die angewandten Methoden, die verwendeten Artefakte und den Entwurf eines Werkzeugsets.

3. **Fallstudie zur Validierung der Risikomanagement Methode:** Beinhaltet die Dokumentation der ersten Anwendung der Risikomanagement Methode in der Praxis. Es werden der Einführungsprozess, die angepassten Artefakte und Werkzeuge und die Erfahrungen aus dem ersten Praxiseinsatz beschrieben.

4. **Schlussbemerkungen:** Im letzten Bereich finden sich eine Zusammenfassung der Ergebnisse der Arbeit und ein Ausblick auf sich daraus ergebende Themen für weiterführende Forschung.

## 1.6 Herangehensweise und Forschungsmethode

### 1.6.1 Überblick über die Vorgehensweise

Erstes Ziel der Arbeit ist die Entwicklung einer Vorgehensweise für das Risikomanagement in KMU auf Basis des aktuellen Standes der wissenschaftlichen Forschung. Dafür sollen in weiterer Folge Werkzeuge entwickelt werden, die in der Praxis validiert, angepasst und verbessert werden. Es wurde dazu folgende Vorgehensweise gewählt (siehe Abbildung 1):

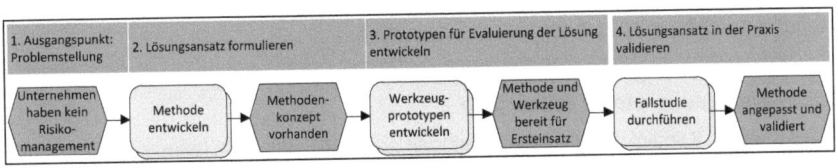

Abbildung 1 - Überblick über den Forschungsprozess (Problem > Lösungsidee > Prototyp > Validierung)

Die Anwendung der Erkenntnisse in der Praxis ist nur mehr in Ansätzen Teil dieser Diplomarbeit. Zum Teil wird dies im Rahmen der Fallstudie vorbereitet und begonnen, die Diplomarbeit endet aber nach Abschluss der ersten Pilotprojekte und Validierung und Dokumentation der Ergebnisse. Die vollständige Einführung im Unternehmen ist somit ein weiterführender, über diese Arbeit hinausgehender Teil.

### 1.6.2 Risikomanagement Methode auf Basis der Literatur entwickeln

Für die Entwicklung der Risikomanagement Methode wurde, ausgehend von der Problemstellung, erst eine Literaturrecherche durchgeführt. Basierend auf deren Ergebnissen wurde dann die Methode konzipiert, siehe Abbildung 2:

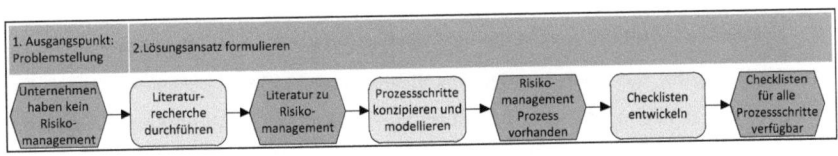

Abbildung 2 - Entwicklung der Risikomanagement Methode (Literaturrecherche > Methodenkonzept > Checklisten)

Bei der Literaturrecherche wurden als primäre Quelle Onlinekataloge für wissenschaftliche Literatur herangezogen [11]. Hierbei wurden insbesondere die

Kataloge „IEEE" und „Springerlink" zur Suche von Artikeln verwendet. Des Weiteren wurden Bücher und Lehrveranstaltungsunterlagen als Quellen eingesetzt.

Bei der Entwicklung der Risikomanagement Methode wurde ein Top-Down Ansatz verfolgt. Es wurden zuerst die groben Prozessschritte für das Risikomanagement definiert und modelliert. Für diese groben Schritte wurden Methoden aus der Literatur gesucht und wenn nötig adaptiert. Da der Großteil der verwendeten Methoden auf Checklisten basiert, wurde für die erste Definition der unterschiedlichen Listen ein Tabellenkalkulationsprogramm verwendet. Dies ermöglichte die schnelle und einfache Erstellung und Überarbeitung von Listen.

### 1.6.3 Werkzeugprototyp entwickeln

Nach der Konzipierung der Methode wurde im nächsten Schritt ein Werkzeugprototyp für den Einsatz in Pilotprojekten entwickelt. Die Zielsetzung für Entwicklung und Einsatz eines prototypischen Werkzeuges ist es, das Lösungskonzept schnell und einfach in der Praxis überprüfen und Feedback einfließen lassen zu können. Aus diesem Grund wurden für die Erstellung des Prototyps Werkzeuge ausgewählt, mit denen rasch neue Versionen erzeugt, eingesetzt und verändert werden können. In Abbildung 3 ist die Entwicklung der Werkzeuge für den Piloteinsatz dargestellt.

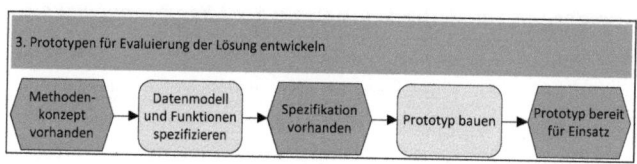

Abbildung 3 - Erstellung der prototypischen Werkzeuge (Spezifikation > Bau des Prototypen)

Das Werkzeug für das Risikomanagement geht über bloße Checklisten hinaus. Es werden u.a. Funktionen für die Erfassung von Maßnahmen, Mehrbenutzerfähigkeit und Datenanalyse gefordert, um nur einige zu nennen. All diese Funktionen können in Tabellenkalkulationsprogrammen nicht mehr abgebildet werden, müssen jedoch im Prototyp vorhanden sein. Es wurde daher nach der inhaltlichen Festlegung der Checklisten in einer Tabellenkalkulation ein Prototyp mit einer Datenbanksoftware erstellt. Dieser wurde dann in den Pilotprojekten eingesetzt und laufend verfeinert.

### 1.6.4 Fallstudie durchführen

Den letzten Schritt bildete der Einsatz der Methode und des Werkzeugprototypen in einer Fallstudie. Ziel war es hierbei, Methode und Werkzeuge zu validieren und mit den Erfahrungen aus der Praxis in mehreren Durchläufen zu verfeinern, bis ein Status erreicht war, der den Einsatz in allen Projekten des Unternehmens erlaubt. Die für die Fallstudie gewählte Vorgehensweise ist in Abbildung 4 dargestellt:

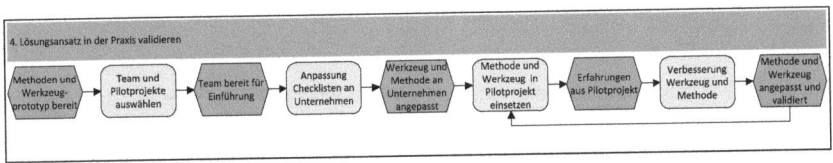

Abbildung 4 – Vorgehensweise für die Fallstudie (Auswahl Team und Pilotprojekt > Anpassung Checklisten > Einsatz im Pilotprojekt mit mehreren Feedbackzyklen)

Ganz wesentlich ist hierbei vor dem Einsatz die Anpassung der Checklisten an das Unternehmen. Dieser Schritt ist notwendig, da Projekte in jedem Softwareunternehmen anders aussehen und anders abgewickelt werden [12].

Nach der Anpassung wurde die Risikomanagement Methode in mehreren Pilotprojekten unter streng kontrollierten Bedingungen eingesetzt. Hierbei wurde nach jedem Prozessschritt ein Feedbackzyklus durchgeführt, bei dem die Checklisten und der Werkzeugprototyp überprüft und angepasst wurden.

Am Ende der Fallstudie standen eine validierte, in mehreren Projekten erfolgreich eingesetzte Methode und ein Werkzeugprototyp als Vorlage für die Entwicklung der produktiven Werkzeuge zur Verfügung.

**Zusammenfassung:** Im Einführungskapitel wurden nicht behandelte Risiken als eine der Ursachen von gescheiterten Softwareprojekten identifiziert und Risikomanagement als mögliche Lösung dafür vorgestellt. Es wurden die Ziele der Arbeit genannt, nämlich die Entwicklung und Validierung einer Risikomanagement Methode für KMU und die Herangehensweise zur Erreichung dieser Ziele umrissen. Im nächsten Kapitel wird nun der aktuelle Stand der wissenschaftlichen Forschung auf dem Gebiet des Risikomanagements in der Softwareentwicklung dargestellt.

## 2 RISIKOMANAGEMENT GRUNDLAGEN UND KONZEPTE

## 2.1 Risikomanagement

### 2.1.1 Einführung und wesentliche Begriffe

*Risikomanagement* ist ein Management Prozess, welcher aus den Aufgaben Identifikation, Analyse, Planung, Kontrolle, Steuerung und Kommunikation von Risiken besteht [4].

*Risiko* ist dabei definiert als „die Wahrscheinlichkeit des Eintretens eines unerwünschten Ereignisses in einem bestimmten Zeitraum und der mit dem Ereignis verbundene Schaden, also Eintrittswahrscheinlichkeit mal Schadenshöhe des Ereignisses" [13].

Risiko und Risikomanagement besitzen nach Schmidt 2009 drei Aspekte:

- **Auf die Zukunft gerichtete Betrachtung:** Risikomanagement soll Informationen liefern, welche Gefahrensituationen in der Zukunft möglich und welche Entscheidungen und Handlungen daher in der Gegenwart notwendig sind.
- **Unsicherheit:** Der Ausgang der Situation ist ungewiss, im Risikomanagement arbeitet man mit Wahrscheinlichkeiten, Erfahrungen und Schätzungen.
- **Möglichkeit eines Schadens:** Das Hauptaugenmerk im Risikomanagement liegt auf Ereignissen, die Schaden hervorrufen können.

Unternehmerisches Handeln ohne das Eingehen von Risiken ist nicht möglich. „Das Eingehen von Risiken ermöglicht erst das Erreichen von Zielen, daher bedeutet ein Risiko immer auch eine Chance" [14]. Carl Amery, deutscher Schriftsteller und Publizist, meinte „Risiko ist die Bugwelle des Erfolgs".

Entsprechend ist das Ziel des Risikomanagements nicht die Vermeidung jeglichen Risikos, sondern „die Risikosituation so zu steuern, dass sie sich innerhalb eines definierten Bereiches bewegt" [14]. Dieser Bereich wird „Risikokorridor" genannt und wird bestimmt vom möglichen Gesamtschaden aller Risiken auf der einen und den Kosten für die Maßnahmen für Risikovermeidung und Minderung auf der anderen Seite. Es ist also zu entscheiden, ob ein möglicher Schaden die Kosten für die Vermeidung des Risikos rechtfertigt. Entsprechend dieser Abschätzung wird es immer Risiken geben, die nicht behandelt werden, da die Kosten für die Maßnahmen den möglichen Schaden übersteigen würden. Die Summe aller nicht behandelten Risiken nennt man „Restrisiko" [14].

### 2.1.2 Risiken in der Softwareentwicklung

Es gibt viele Studien, die sich mit den am häufigsten auftretenden Risiken in der Softwareentwicklung beschäftigen. Die wohl bekannteste und am öftesten zitierte Risikoliste ist die Liste der „Top 10 Software Risk Items" von Barry Boehm [10]:

| Top 10 Risiken in der Softwareentwicklung |
| --- |
| Personelle Unzulänglichkeiten |
| Unrealistischer Zeitplan und Budget |
| Es werden die falschen Funktionen oder Eigenschaften entwickelt |
| Es wird eine falsche Benutzerschnittstelle entwickelt |
| Gold-Plating (es werden über das Geforderte hinausgehende Funktionen entwickelt) |
| Kontinuierliche Änderungen an den Anforderungen |
| Unzulänglichkeiten in extern erstellten Komponenten |
| Unzulänglichkeiten in extern ausgeführten Aufgaben |
| Performanceprobleme bei der Ausführung |
| Überforderung in Bezug auf IT-Kenntnisse |

Tabelle 1 - Top 10 Risiken nach Boehm [10].
(Übersetzung aus dem Englischen vom Autor)

Aus der Liste von Boehm ist bereits ersichtlich, dass viele Risiken keine technischen Probleme beschreiben, sondern soziale und organisatorische.

Ein ähnliches Bild wie Boehm zeichnen Wallace, Keil & Rai 2004 in ihrem Modell der Risikodimensionen. Sie teilen dazu Risiken in drei große Subsysteme ein [15]:

- Risiken des sozialen Subsystems
- Risiken des technischen Subsystems
- Projektmanagement Risiken

Das soziale Subsystem betrachtet die Softwareerstellung als Prozess, der in einen sozialen Kontext eingebettet ist. Aus diesem Kontext ergeben sich Risiken wie Widerstand der Endanwender gegen das neue Softwaresystem, das Abziehen von Ressourcen durch das Management aus politischen Gründen oder zwischenmenschliche Konflikte im Team [15].

Das technische Subsystem betrachtet den Teil der Softwareentwicklung, der sich mit der Erstellung komplexer technischer Artefakte und Dokumente beschäftigt. Aus diesem Subsystem erwachsen Risiken wie hoher Aufwand durch nachträgliche Änderungen an den Anforderungen, Performanceprobleme zur Laufzeit und Ähnliches [15].

Projektmanagement Risiken sind sämtliche Risiken, die sich aus der Planung und Führung des Projektes ergeben. Dies können zum einen Zeitüberschreitungen durch falsche Aufwandsschätzungen und mangelndes Projektcontrolling sein, oder auch Themen wie fehlendes Know-How im Projektteam [15].

Die drei Subsysteme beeinflussen einander gegenseitig, innerhalb der drei Subsysteme definieren Wallace, Keil & Rai 2004 sechs Risikodimensionen (siehe Abbildung 5 und Tabelle 2 auf der nächsten Seite):

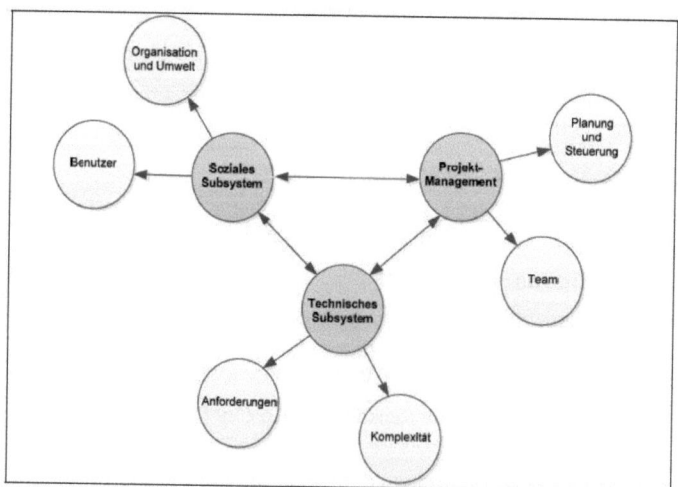

Abbildung 5 - Projektsubsysteme und Risikodimensionen nach Wallace, Keil & Rai [15]
(Übersetzung aus dem Englischen vom Autor)

| Sechs Risikodimensionen nach Wallace, Keil & Rai 2004 |
|---|
| **Risiken des sozialen Subsystems** |
| 1. *Risiken aus Organisation und Umfeld*: Wie ist die Organisation aufgebaut? Welche Standards und Vorgehensweisen gibt es? Sind diese geeignet für die Aufgabenstellung? Ist die Organisation stabil? Gibt es Einflussnahmen von außen auf das Projekt? |
| 2. *Benutzerrisiken*: Sind Anwender eingebunden? Haben die Ansprechpartner und Anwender das nötige Know-How und Entscheidungskompetenz? Gibt es Widerstand gegen die neue Software? |
| **Risiken des technischen Subsystems** |
| 3. *Anforderungsrisiken*: Ändern sich die Anforderungen häufig im Projektverlauf? Sind die Anforderungen vollständig, widerspruchsfrei, verständlich und umsetzbar? |
| 4. *Komplexitätsrisiken*: Sind die umzusetzenden Funktionen sehr komplex? Sind die Anforderungen schwer zu verstehen und kompliziert? Sind viele Prozesse und Interaktionen mit anderen Systemen zu entwickeln? |
| **Projektmanagement Risiken** |
| 5. *Risiken aus Planung und Steuerung*: Wurden Zeitplanung, Aufgabenplanung und technische Konzeptionierung ausreichend genau durchgeführt? Werden laufend Plan / Ist Vergleiche durchgeführt? Wird bei Abweichungen ausreichend reagiert? Werden Risiken im Vorfeld analysiert und behandelt? |
| 6. *Team Risiken*: Sind ausreichend Entwickler im Team? Ist das notwendige Know-How im Team vorhanden? Sind die Teammitglieder ausreichend motiviert und haben sie ausreichend Zeit für das Projekt? |

Tabelle 2 - Die sechs Risikodimensionen nach Wallace, Keil & Rai 2004
(Übersetzung aus dem Englischen vom Autor)

Eine weitere sehr umfassende Quelle zu Risiken in der Softwareentwicklung ist die Risikotaxonomie von Carr et al. vom Software Engineering Institute (SEI) der Carnegie Mellon University [9].

Die Risiken sind dabei in drei Klassen zusammengefasst, die aus mehreren Elementen bestehen, für die wiederum verschiedene Attribute definiert sind. Auf jeder dieser Ebenen gibt es Fragen, die als Impuls für das Auffinden von Risiken dienen sollen. In Abbildung 6 ist die Hierarchie aus Klassen, Elementen und Attributen dargestellt [9]:

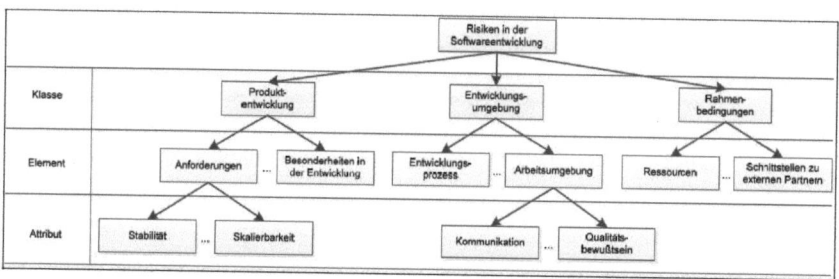

Abbildung 6 - Dreistufige Risikoklassifizierung in Klassen, Elemente und Attribute nach Carr et al. 1993
(Übersetzung aus dem Englischen vom Autor)

Basierend auf diesem Klassifizierungsschema wurde vom SEI ein Fragebogen entwickelt, der als Input für ein semistrukturiertes Brainstorming dient, in dem Risiken eines Projektes identifiziert werden sollen. Dieser Fragebogen wird gemeinsam mit anderen Methoden der Risikoidentifikation in Kapitel „2.1.4.1 Risikoidentifikation" genauer beschrieben.

### 2.1.3 Risikomanagement Prozess im Überblick

Risikomanagement ist ein kontinuierlicher Prozess, in dem laufend Risiken identifiziert und analysiert, Maßnahmen geplant und ausgeführt, sowie Risiken überwacht und gesteuert werden müssen. In allen Schritten ist Kommunikation ein zentraler Bestandteil [4]. Der kontinuierliche Risikomanagement Kreislauf ist in Abbildung 7 (nächste Seite) dargestellt.

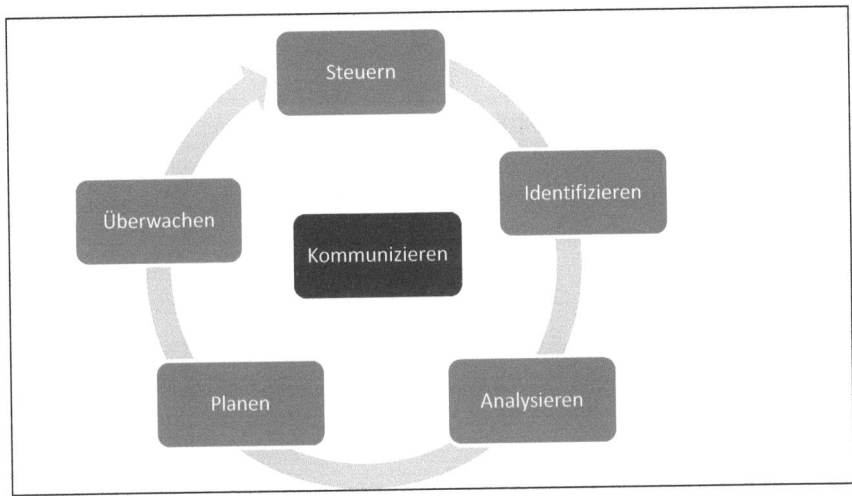

Abbildung 7 – Risikomanagement als kontinuierlicher Prozess aus Identifizieren > Analysieren > Planen > Überwachen > Steuern und Kommunizieren nach Higuera & Haimes 1996 (Übersetzung aus dem Englischen vom Autor)

Risikomanagement ist ein Prozess, der die gesamte Projektlaufzeit über auszuführen ist. Ständig können Risiken entstehen, bestehende Risiken sich in ihren Auswirkungen oder in ihrer Eintrittswahrscheinlichkeit ändern oder Risiken wegfallen.

Nyfjord & Kajko-Mattsson 2008 fügen den oben beschriebenen fünf Prozessschritten zwei weitere hinzu, nämlich „Risikoausscheidung" und eine „Risiko Post-Mortem Analyse". In der Risikoausscheidung werden Risiken explizit und kontrolliert als nicht mehr relevant aus der Betrachtung ausgeschieden. Im Risiko Post-Mortem werden Erkenntnisse und Lessons Learned aus dem bisherigen Risikomanagement erarbeitet und sofort in den Prozesszyklus integriert:

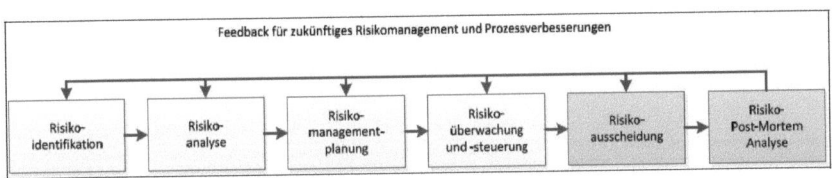

Abbildung 8 - Risikomanagementprozess nach Nyfjord & Kajko-Mattsson 2008 mit den zusätzlichen Schritten Risikoausscheidung und Risiko Post-Mortem Analyse (Übersetzung aus dem Englischen vom Autor)

Im folgenden Abschnitt werden die Teilaufgaben des Risikomanagements beschrieben.

## 2.1.4 Risikomanagement Aufgaben im Detail

### 2.1.4.1 Risikoidentifikation

Carr et al. definiert die Risikoidentifikation folgendermaßen: „Bevor Risiken behandelt werden können, müssen sie identifiziert werden. Die Identifikation bringt Risiken an die Oberfläche, bevor sie zu Problemen werden und das Projekt negativ beeinflussen" [9].

In diesem ersten Schritt im Risikomanagement werden Risiken auf strukturierte Art identifiziert und beschrieben. Es wird dabei davon ausgegangen, dass den einzelnen Projektteammitgliedern die meisten Risiken bekannt sind, oder zumindest erahnt, aber nicht explizit kommuniziert werden [9]. Die in der Literatur am häufigsten zu findenden Methoden zur Risikoidentifikation sind Checklisten, Fragebögen und Brainstorming.

In der Methode des Software Engineering Institutes der Carnegie Mellon University wird ein mehrstufiger Fragebogen mit knapp 200 Fragen als Hilfestellung für ein Brainstorming verwendet („SEI Risk-Taxonomy"). Es wird bei dieser Methode also nicht primär ein Fragebogen ausgefüllt, sondern die Fragen dienen als Denkanstoß, um Risiken zu finden. Der Fragebogen ist somit eher als Gedächtnisstütze zu verstehen, um keine wichtigen Bereiche zu übersehen. Das Ergebnis dieser Methode ist somit nicht eine ausgefüllt fixe Checkliste, sondern eine freie Liste mit den gefundenen Risiken [9]. Tabelle 3 (nächste Seite) zeigt einen kleinen Auszug aus dem SEI Fragebogen.

Tabelle 3 – Beispiele für Fragen aus der SEI Risikotaxonomie
(Übersetzung aus dem Englischen vom Autor)

Einen anderen Ansatz auf Basis von Checklisten verfolgen Tiwana und Keil 2004 in ihrem „One-Minute Risk Assessment Tool". Sie verwenden eine Checkliste mit den sechs wichtigsten Projektrisiken, für die jeweils durch einen numerischen Wert anzugeben ist, inwieweit dieses Risiko auf das Projekt zutrifft (siehe Tabelle 4 auf der nächsten Seite). Die Einzeleinschätzungen werden gewichtet und zu einer Gesamtrisikokennzahl summiert. Auf diese Weise kann sehr rasch eine grobe Risikoabschätzung eines Projektes vorgenommen werden. Die Checkliste dient in dieser Methode nicht als Basis für ein Brainstorming, in dem frei eine Liste von Risiken erstellt wird, sondern das Ergebnis ist direkt eine ausgefüllte Checkliste inklusive einer Risikokennzahl.

| Frage zu Projektcharakteristik | Beurteilung (Beispiel) | Gewicht | Risiko-wert |
|---|---|---|---|
| Übereinstimmung zwischen der gewählten Vorgehensweise und der Art des Projektes | 5 | 3,0 | 15,2 |
| Ausmaß der Benutzerbeteiligung | 6 | 1,9 | 11,6 |
| Verwendung formaler Projektmanagement Methoden | 1 | 1,7 | 1,7 |
| Ähnlichkeit zu bisherigen Projekten | 3 | 1,5 | 4,5 |
| Einfachheit des Projektes (Fehlen von Komplexität) | 7 | 1,1 | 7,4 |
| Stabilität der Anforderungen | 9 | 0,8 | 7,3 |
| Gesamtrisikokennzahl (je höher, desto geringer das Projektrisiko) | | | 48 |

Tabelle 4 - Checkliste mit sechs Fragen zur schnellen Berechnung einer Gesamtrisikokennzahl für ein Projekt
nach Tiwana und Keil 2004
(Übersetzung aus dem Englischen vom Autor)

Die Beurteilung, ob ein Risiko für ein Projekt relevant ist, erfolgt auf Basis eines Vergleichs mit anderen, bereits geschätzten Projekten auf einer Skala von 1 („Gering") bis 10 („Hoch"). Die Gesamtrisikokennzahl kann einen Wert zwischen 10 und 100 annehmen, je höher der Wert, desto geringer das Risiko:

- 10 – 28: Hohes Risiko
- 29 – 46: Mäßig hohes Risiko
- 47 – 64: Mittleres Risiko
- 65 – 82: Eher geringes Risiko
- 83 – 100: Sehr wenig Risiko

In dieser Methode werden Risiken nicht nur identifiziert, sondern auch gleich bewertet. Vielfach erfolgt dies aber auch erst im nächsten Schritt, der Risikoanalyse.

### 2.1.4.2 Risikoanalyse und Risikobewertung

„Ziel der Risikoanalyse ist eine qualitative Bewertung bzw. quantitative Messung der Risiken" [16]. Bei der Bewertung des Gesamtrisikos für ein Projekt müssen die Wechselwirkungen zwischen den Risiken berücksichtigt werden. Verbreitete Methoden zur Risikoanalyse und Gesamtrisikoberechnung sind Barwertmethoden, Schätzmethoden und die Value-At-Risk Methode, „die aussagt, mit welcher Wahrscheinlichkeit eine bestimmte Verlustgrenze in einer festgelegten Periode nicht überschritten wird" [16].

Die am weitesten verbreitete Möglichkeit das Risiko quantitativ zu bewerten, ist die einfache Risikoformel zur Berechnung des Risikowertes aus Eintrittswahrscheinlichkeit und Schadenshöhe [14]:

$$R(A) = P(A) \times C(A)$$

P(A) … Wahrscheinlichkeit des Eintretens von Ereignis A

C(A) … Schaden bei Eintritt von Ereignis A

R(A) … Risikowert für Ereignis A

Da die Eintrittswahrscheinlichkeit nicht direkt, z.B. über statistische Häufigkeitsanalysen bestimmt werden kann, wird die Eintrittswahrscheinlichkeit geschätzt. Die Einstufung erfolgt hierbei meist in Klassen:

- Sehr gering (0-20%)
- Eher gering (20-50%)
- Eher hoch (50-80%)
- Sehr hoch (80-100%)

Die Einschätzung der Eintrittswahrscheinlichkeit ist immer subjektiv und von der Erfahrung und Intuition der beteiligten Personen abhängig [14].

Die Bestimmung der Schadenshöhe erfolgt in zwei Schritten. Zuerst wird ermittelt, welche Art von Schaden verursacht wird. Mögliche Schadensarten sind Personenschäden, Verstöße gehen Gesetze, Vorschriften etc., finanzielle Schäden, Imageschäden und Ähnliches. Im zweiten Schritt wird jedem möglichen Schaden ein monetärer Schadenswert zugeordnet, der dann zu einem Gesamtschaden für das Risiko summiert wird [14].

Sehr oft ist eine exakte monetäre Bewertung der einzelnen Schadensarten kaum möglich. Daher wird auch die Bestimmung der Schadenshöhe oft in Klassen durchgeführt [14].

Sind Eintrittswahrscheinlichkeit und Schadenshöhe bekannt, können Risikowerte berechnet und die Risiken in einer Risikomatrix bzw. einem Risikoportfolio dargestellt werden [16] (siehe Abbildung 9). Im Risikoportfolio kann zu jedem Risiko zusätzlich ein Zielbereich eingetragen werden, in den das Risiko durch geeignete Maßnahmen zu bringen ist. Es ist daher auch gut als Werkzeug für die Risikoplanung einsetzbar:

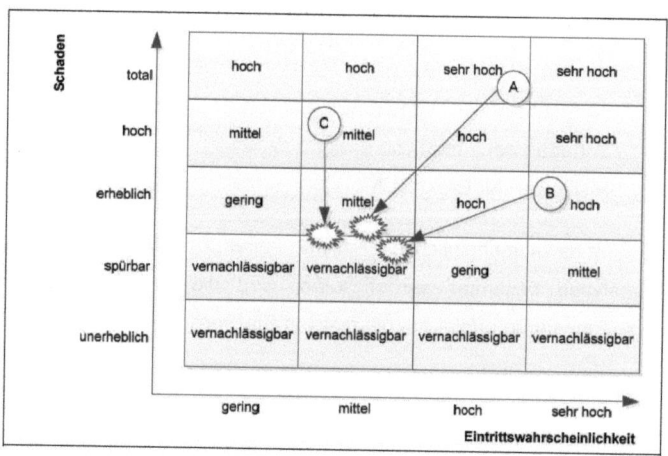

Abbildung 9 - Darstellung der Risiken in einem Risikoportfolio nach Junginger & Krcmar

Durch die Darstellung in einer Risikomatrix kann die Risikolage eines Projektes sehr schnell erfasst werden.

Die quantitative Bewertung von Risiken mittels der einfachen, zweidimensionalen Risikoformel birgt jedoch einige Gefahren [14]:

- Der Wert für die Eintrittswahrscheinlichkeit ist meist nicht statistisch abgesichert und kann somit leicht manipuliert werden.
- Es wird eine Genauigkeit vorgetäuscht, die nicht vorhanden ist.

- Aufgrund der einfachen Multiplikation ergeben viele kleine aber wahrscheinliche Schäden denselben Gesamtrisikowert für ein Projekt wie ein unwahrscheinliches Risiko mit sehr hohem Schaden.
- Am Risikowert ist nicht ersichtlich, ob es sich um einen Best-Case, einen Worst-Case oder ein realistisches Szenario handelt.

Um diese Probleme mit der Risikoformel und dem damit berechnet Risikowert zu umgehen, gibt es einige Vorschläge aus der Literatur:

- Einführen einer Gewichtung [14]:

  $$R_1(A) = P(A) \times C(A) \times W(A)$$

  mit W(A) als Gewichtung des Risikos
- Berücksichtigung der Entdeckungswahrscheinlichkeit [17]:

  $$R_2(A) = P(A) \times C(A) \times R(A)$$

  mit R(A) als Entdeckungswahrscheinlichkeit des Risikos

Zum Teil wird auch komplett auf eine Berechnung des Risikowertes verzichtet und jedem Risiko lediglich ein einziger Wert zugeordnet, der der subjektiv geschätzten Schwere des Risikos im Sinne einer Handlungsdringlichkeit entspricht [18].

### 2.1.4.3 Risikoplanung und Maßnahmenentwicklung

Sind alle Risiken bekannt und bewertet, ist der nächste Schritt die Risikoplanung. In der Risikoplanung wird eine Auswahl getroffen, welche Risiken behandelt werden müssen und welche Maßnahmen zu treffen sind [4].

Je nach Art und Schwere des Risikos, können folgende Arten von Maßnahmen getroffen werden [14]:

- *Maßnahmen zur Risikovermeidung:* Das Produkt oder der Entwicklungsprozess wird so verändert, dass das Risiko nicht mehr existiert.
- *Maßnahmen zur Risikoeliminierung:* Es werden einer oder mehrere Faktoren, die zum Eintreten des Risikos führen beseitigt.
- *Maßnahmen zur Risikoverminderung*: Der Risikowert wird verringert, indem Maßnahmen getroffen werden, die die Eintrittswahrscheinlichkeit und/oder den entstehenden Schaden reduzieren.
- *Maßnahmen zur Risikoabwälzung*: Das Risiko wird auf Dritte abgewälzt.

Die Entwicklung und Umsetzung von Maßnahmen kostet Geld und Zeit. Aus diesem Grund ist es notwendig, eine Priorisierung der Risiken vorzunehmen und sich auf die wichtigsten zu konzentrieren. Die Priorisierung kann nach verschiedenen Regeln vorgenommen werden:

1. Es werden nur die wichtigsten zehn Risiken basierend auf dem berechneten Risikowert behandelt [10].
2. Es werden, beginnend mit den wichtigsten, die Risiken soweit reduziert, bis das Gesamtrisiko des Projektes innerhalb des definierten Risikokorridors liegt [14].
3. Beginnend mit den am höchsten bewerteten Risiken werden Risiken solange reduziert, bis nur noch 20% des ursprünglichen Gesamtrisikowertes als Restrisiko übrigbleiben (80:20 Regel) [14].
4. Es werden alle Risiken behandelt, deren Risikowert über einem bestimmten Schwellenwert liegt.

Nachdem die Risiken priorisiert und die Maßnahmen geplant sind, kann berechnet werden, wie hoch das noch verbleibende Risiko ist. Dieses wird als „Restrisiko" bezeichnet und muss von den Projektverantwortlichen übernommen werden [14].

### 2.1.4.4 Risikoüberwachung und -steuerung

Ist die Risikoplanung abgeschlossen, kann die Durchführung des Projektes und die Umsetzung der Maßnahmen begonnen werden. Dabei wird laufend eine Risikoüberwachung- und Steuerung vorgenommen.

Unter Risikoüberwachung versteht man die Verfolgung des Status der identifizierten Risiken und der Maßnahmenumsetzung. Zur Risikoüberwachung werden Metriken verwendet, die eine Beurteilung der Risiken und auch der Effektivität der Maßnahmen erlauben [4].

Als Risikometrik wird entweder der Risikowert, berechnet mit der Risikoformel oder einer ihrer Varianten empfohlen [14], bzw. die Erweiterung und Verdichtung der Werte zu einem Risikobaum, in dem die monetär bewerteten Risiken zu Szenarien gruppiert und weiter bis zum Gesamtprojektrisiko aggregiert werden [17].

Neben der Überwachung der Risiken selbst, können für jedes Risiko definierte Auslöser („Trigger") überwacht werden. Diese zeigen frühzeitig an, dass ein Risiko schlagend werden wird [4].

Die Risikoüberwachung wird während des gesamten Projektes immer wieder durchgeführt. Nyfjord et al. schlagen vor, den Risikostatus zum einen in täglichen Statusmeetings, zum anderen bei Erreichen von bestimmten Meilensteinen („Checkpoints") zu kontrollieren. Die Risikoüberwachung soll zumindest bei folgenden Meilensteinen durchgeführt werden:

1. Umfang einer Iteration ist festgelegt
2. Aufgabenplanung für eine Iteration ist abgeschlossen
3. Iteration ist fertig umgesetzt

Zwischen diesen Fixpunkten werden Risiken täglich von Entwicklern und Projektleitern überwacht [12].

Basierend auf dem in der Risikoüberwachung erhobenen Risikostatus werden in der Risikosteuerung Anpassungen an den Maßnahmen zur Risikominderung und -abwehr vorgenommen. Ziel der Risikosteuerung ist es, das Gesamtrisiko im definierten Risikokorridor zu halten und Abweichung vom Plan zu korrigieren. Risikoüberwachung und -steuerung gliedern sich dabei nahtlos ins normale Projektmanagement, speziell ins Projektcontrolling (Fortschrittskontrolle, Kostenkontrollen, etc.) ein [4]. Sehr wichtig sind hierbei Werkzeuge, wie z.B. Reporting Werkzeuge, die ein effektives und effizientes Monitoring ermöglichen.

### 2.1.4.5 Risiko Post-Mortem Analyse

Ist das Projekt abgeschlossen, erfolgt rückblickend eine Analyse, ob das Projekt und das Risikomanagement erfolgreich waren, um das neu gewonnene Wissen zu beurteilen und für die Zukunft nutzbar zu machen. In jedem Projekt werden technische Problemlösungen und Maßnahmen zur Risikominimierung entwickelt und alle möglichen Erfahrungen technischer und organisatorischer Natur gemacht. Ein Großteil dieses Wissens könnte in ähnlichen Projekten und von anderen Teams angewandt werden.

Diese Wiederverwertung von Wissen passiert aber oft nicht oder in sehr geringem Ausmaß. Die Hauptgründe dafür sind [5]:

1. Es ist keine Zeit für eine Analyse und Aufarbeitung der Erfahrung, sowie für die Wissensweitergabe vorhanden, das Projektteam eilt sofort ins nächste Projekt.

2. Es gibt keine definierten Prozesse und Methoden, wie Wissen zwischen Personen und Projektteams weitergegeben wird.

3. Die Träger des Wissens haben Angst vor der Weitergabe, da die eigene Position scheinbar geschwächt wird, wenn man einen Wissensvorsprung aufgibt.

Wird das in einem Projekt gesammelte Wissen strukturiert aufbereitet und weitergegeben, so kann das Unternehmen als Ganzes lernen und von Projekt zu Projekt besser werden. Passiert dies nicht, bleibt der Erfolg eines Projektes stark von den individuellen Erfahrungen der beteiligten Mitarbeiter abhängig und das Risiko ist hoch, dass dieselben Fehler immer wieder gemacht werden. Die Nicht-Weitergabe von Wissen an sich ist ein hohes Risiko für ein Unternehmen.

Eine Methode zur Aufbereitung und Weitergabe von Erfahrungen ist die Durchführung von Projektreviews (Projekt Retrospektive, Projekt Post-Mortem, Post-Mortem-Analyse). Desouza et al. definieren ein Projektreview als „eine Aktivität des gemeinsamen Lernens, die für ein Projekt entweder bei Erreichen eines bestimmten Meilensteines oder am Projektende durchgeführt werden kann. Die Hauptmotivation ist eine Reflexion, was geschehen ist, um zukünftiges Arbeiten zu verbessern und zwar sowohl für die am Projekt beteiligten Individuen, als auch für das Unternehmen als Ganzes." [19].

In Bezug auf Risikomanagement bedeutet dies, dass Erfahrungen weitergegeben werden, welche Risiken aufgetreten sind, welche Maßnahmen erfolgreich waren und was in Zukunft zur Verbesserung der Risikoabwendung getan werden kann.

Zum Ablauf eines Projektreviews gibt es in der Literatur sehr viele Vorschläge. Allen gemeinsam ist eine Strukturierung in drei Phasen [20], [21], [22]:

1. *Vorbereitungsphase*: Wichtige Daten zum Projekt werden gesammelt und ausgewertet. Dies sind Dokumente, die den Projektablauf beschreiben (Projektpläne, Protokolle, etc.), sowie Kennzahlen zum Projekterfolg (Plan / Ist Zahlen für Kosten, Zeit, Aufwand etc., Messgrößen für die Projektgröße wie z.B. Lines of Code etc.).

2. *Durchführung*: Ein Review-Workshop wird durchgeführt, in dem die Erfahrungen aus dem Projekt gesammelt und bearbeitet werden. Hierfür gibt es eine große Vielzahl an Vorschlägen für Dauer (wenige Stunden bis hin zu mehreren Tagen) und Ablauf (Brainstorming, Dokumentenreview, Methodenmix von Teambuilding bis Lessons-Learned-Analyse, etc.).

3. *Aufbereitung und Publikation der Ergebnisse*: Die Erfahrungen aus dem Projekt werden in strukturierten Reports, kurzen Geschichten, Fallstudien etc. beschrieben und allen Mitarbeitern zugänglich gemacht, indem sie z.B. als Newsletter verschickt oder im Intranet veröffentlicht werden.

Aufgrund der Vielzahl an in der Literatur vorhandenen Konzepten und Methoden für Projektreviews ist eine Anpassung an das konkrete Unternehmen und dessen Zielsetzungen besonders wichtig. Viele der Methoden sind in KMU nicht einsetzbar, ein mehrtägiger Workshop mit allen Projektbeteiligten z.B. steht in der Regel in keinem sinnvollen Verhältnis zur oft geringen Projektgröße und ist so nicht durchführbar.

## 2.2 Risikomanagement in ausgewählten Projektvorgehensmodellen

Im Folgenden wird beschrieben, wie Risikomanagement in bekannten und vielfach angewandten Prozessvorgehensmodellen integriert ist. Es wurden dazu das Spiralmodell von Boehm [23] und SCRUM [24] ausgewählt, da diese in KMU Softwareunternehmen häufig verwendet werden.

### 2.2.1 Risikomanagement im Spiralmodel

Das Spiralmodell von Boehm ist ein „risikogetriebener Prozessmodellgenerator" [23]. Es beschreibt einen Rahmen für die Vorgehensweise in Softwareprojekten. Es teilt die Entwicklung in zyklische Iterationen auf, wobei in jeder Iteration der

Fertigstellungsgrad steigt und das verbleibende Risiko sinkt. Am Ende jeder Iteration steht ein bestimmtes Produkt, die Entwicklung des Produktes erfolgt mit einer frei wählbaren Vorgehensmethode (z.B. Wasserfallmodell, SCRUM, etc.; siehe Abbildung 10). In jedem Projekt werden Anker-Meilensteine festgelegt. Zu diesen Meilensteinen entscheiden die Stakeholder, ob das Projekt weitergeführt wird und ob die gefundenen Lösungen tragbar und sinnvoll sind [23].

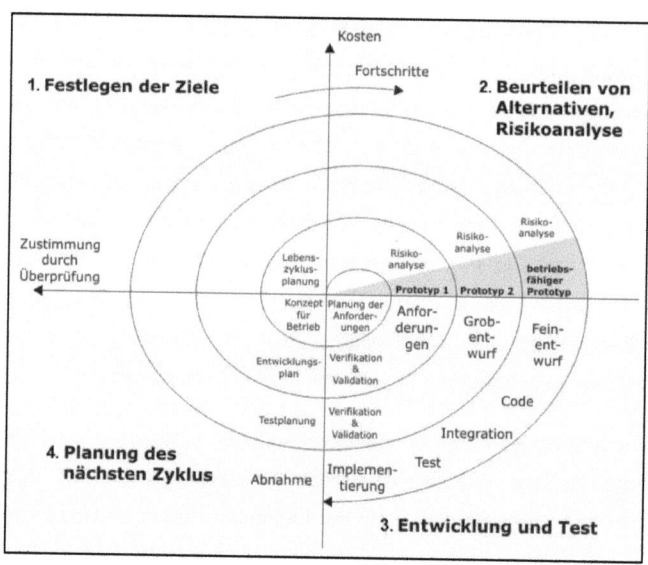

Abbildung 10 - Das Spiralmodel von Barry Boehm mit einer Risikoanalyse als Startpunkt jeder Iteration [23]. Grafik aus [25]

Im Spiralmodell ist Risikomanagement fix am Beginn jeder Iteration vorgesehen. Boehm bezeichnet die „risikogetriebene Festlegung von Prozess und Produkt" [23] als ein Kernelement des Modells. Durch eine solche risikogetriebene Vorgehensweise können „Entwicklungskosten gesenkt, schlechte Alternativen von vornherein ausgeschieden und unnötiger Aufwand für Nacharbeiten vermieden werden" [23]. Je nach Ergebnis der Risikoanalyse wird für die Iteration dann ein passendes Vorgehensmodell gewählt. Die Risikoanalyse hilft also zu entscheiden, was, wie und wie lange als nächstes getan wird [23].

In den Invarianten, d.h. den unabdingbaren Grundprinzipien des Spiralmodells sind ebenfalls Hinweise auf den Einsatz von Risikomanagement enthalten [23]:

1. Alle Kernartefakte werden gleichzeitig festgelegt (Pläne, Anforderungen, Betriebskonzept, Design, Code).

2. In jedem Zyklus werden Ziele, Einschränkungen, Alternativen und Risiken bestimmt, Reviews durchgeführt und die Zustimmung aller Stakeholder eingeholt.

3. Der Aufwand wird durch Risikoabschätzungen bestimmt.

4. Der Detailierungsgrad der in der Iteration entwickelten Lösung hängt von Risikoüberlegungen ab.

5. Es werden die Anker-Meilensteine: Life Cycle Objectives (LCO), Life Cycle Architecture (LCA) und Initial Operational Capability (IOC) verwendet.

6. Das Hauptaugenmerk liegt auf System- und Lebenszyklusaktivitäten und -artefakten.

Die Invarianten (2), (3) und (4) drücken aus, wann und mit welchem Ziel Risikomanagement ins Spiralmodell integriert wird. Boehm gibt jedoch keine genauen Anweisungen, wie die Risikoanalyse durchgeführt werden soll. Die in dieser Diplomarbeit entwickelte Methode stellt eine Möglichkeit dar, die im Spiralmodell geforderte Risikoanalyse durchzuführen.

### 2.2.2 Risikomanagement in SCRUM

SCRUM ist eine Erweiterung der iterativen und inkrementellen Softwareentwicklungsmethode. Der Kerngedanke hinter SCRUM ist, dass viele Prozesse in der Softwareentwicklung nicht vollständig definiert und beherrschbar sind. Flexibilität in der Reaktion auf Änderungen an den Anforderungen und unvorhergesehene technische Entwicklungen ist daher der zentrale Erfolgsfaktor. Um dies zu berücksichtigen, wird ein Projekt in folgende Phasen eingeteilt (siehe Abbildung 11 auf der nächsten Seite) [24]:

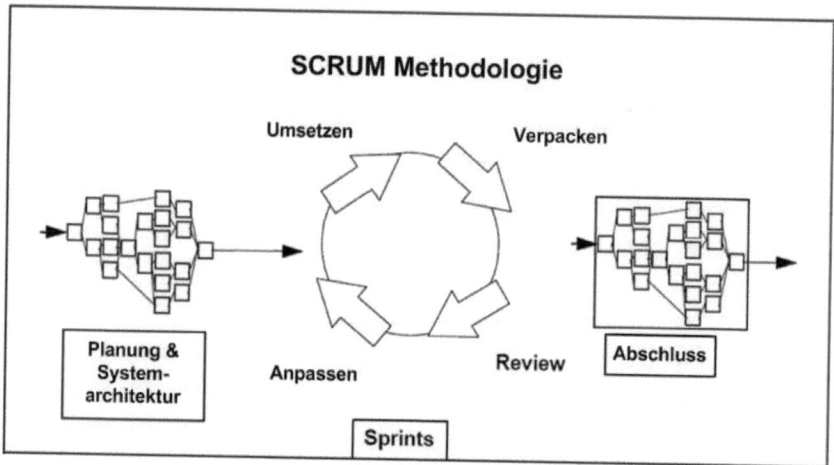

Abbildung 11 - Übersicht über die Softwareentwicklung mit SCRUM [24]
(Übersetzung aus dem Englischen vom Autor)

1. **Planung und Architektur:** In definierten Prozessen wird das Projekt initial geplant (Anforderungen, Zeitplan, Kosten, etc.) und eine Systemarchitektur erstellt.

2. **Evolutionäre Umsetzung in Iterationen:** Die eigentliche Umsetzung erfolgt in sehr kurzen Iterationen (Sprints). In jedem Sprint wird neu festgelegt, welche Funktionen umgesetzt werden. Dies können nun Funktionen aus der ursprünglichen Anforderungsliste (Product Backlog) sein, oder auch neue bzw. geänderte Anforderungen des Kunden. Die Funktionen werden dann in einem fixen Zeitrahmen umgesetzt. Am Ende eines Sprints ist eine neue Version des Produktes verfügbar und es wird ein Review des Produktes und des Sprints durchgeführt. Viele Prozesse innerhalb eines Sprints sind undefiniert und laufen ungesteuert ab.

3. **Abschluss:** Ist die Entwicklung abgeschlossen, erfolgen Abnahmetest, die produktive Installation, Dokumentation etc. Die Prozesse in dieser Phase sind wieder definiert und gesteuert.

Sowohl die im fertigen Produkt enthaltenen Funktionen, als auch Fertigstellungszeit und Kosten können sich im Laufe des Projektes ändern. In jedem Sprint werden die umzusetzenden Punkte neu verhandelt und festgelegt. So kann das Team sehr flexibel auf Änderungen und unerwartete Ereignisse reagieren, das Produkt entspricht am Ende mit sehr hoher Sicherheit den Erwartungen des Kunden [24].

Risikomanagement ist eine der zentralen Kontroll- und Steuerungsmechanismen in SCRUM. Es ist an folgenden Stellen ins Vorgehensmodell integriert [24]:

1. **Während der Planungsphase am Beginn des Projektes:** Basierend auf den Anforderungen und der Architektur werden Risiken identifiziert, analysiert und entsprechende Maßnahmen entwickelt. Die Länge der Sprints wird entsprechend dem Projektrisiko festgelegt. Je höher das Risiko, desto kürzer die Sprints.
2. **Während jedes Sprints:** Es werden laufend Reviews der Risiken und ggf. Anpassungen der Maßnahmen durchgeführt. Ein Vorschlag hierfür ist, dies direkt in die täglichen Teammeetings zu integrieren.

Somit fordert auch SCRUM ein aktives Identifizieren, Behandeln und Kontrollieren von Risiken und entsprechenden Maßnahmen.

## 2.3 Risikomanagement im Kontext der Organisationsentwicklung

In diesem Abschnitt wird Risikomanagement nicht im Kontext eines Projektes, sondern in seiner Einbettung und seinen Wechselwirkungen im Gesamtunternehmen betrachtet.

Unternehmen müssen sich weiterentwickeln, sonst werden sie vom Markt verdrängt. Dies gilt besonders für kleine Softwareunternehmen, für die es zum einen viel Konkurrenz durch andere KMU gibt, zum anderen die Gefahr droht, dass sie von großen Anbietern und deren Standardlösungen verdrängt werden. Überlebenswichtig ist es somit, dass sich das Unternehmen ständig verbessert, aus Fehlern der Vergangenheit lernt, sich noch besser an die individuellen Anforderungen seiner Kunden anpassen kann und Projekte effektiv, effizient und reproduzierbar erfolgreich abwickelt. Gerade in letztem Punkt steckt eine der größten Herausforderungen für KMU, nämlich die starke Personenabhängigkeit zu verringern und das in den Köpfen einzelner vorhandene Wissen für alle nutzbar zu machen.

### 2.3.1 Risikomanagement und Organisationsentwicklung

Risikomanagement ist nicht statisch, sondern muss sich, wie das Unternehmen selbst, ständig weiterentwickeln. Unternehmen als Organisationen bestehen aus Handlungen und entwickeln sich über Entscheidungen weiter. Diese wiederum sind in der Realität immer Entscheidungen unter Unsicherheit und somit mit Risiken verbunden. Ziel ist es meist, nicht optimale Lösungen zu generieren, sondern diejenige Lösung, die mit geringstem Aufwand die gesteckten Ziele erreicht. Um solche Lösungen entwerfen zu können, muss die Komplexität und die Unsicherheit der Entscheidungssituation reduziert werden. Dies wiederum erreichen Unternehmen, indem sie Routinen und Regeln entwickeln, die helfen neue Situationen zu bewältigen und die richtigen Entscheidungen zu treffen. In der Wissenschaft ist die Beschäftigung mit solchen Routinen und deren strukturierte Entwicklung, Einführung und laufende Umsetzung als Teilbereich der Betriebswirtschaftslehre im Zweig Organisationsentwicklung angesiedelt. Diese beschäftigt sich also mit Entwicklung, Aufbau und Veränderung von Organisationen und deren Routinen [26].

Die in dieser Diplomarbeit entwickelte Risikomanagement Methode ist selbst eine solche Routine, die dem Unternehmen hilft, die komplexen Risiken eines Softwareprojektes beherrschbar zu machen. Risikomanagement hat mit dem Bereich Organisationsentwicklung drei große Berührungspunkte:

1. *Risikomanagement als Unternehmensroutine:* Risikomanagement und seine Methoden sind selbst Routinen, die Unternehmen zur Verringerung der Komplexität und Unsicherheit einsetzen.

2. *Risikomanagement als Quelle für die Weiterentwicklung des Unternehmens:* Die Erkenntnisse aus den Risikoanalysen der Projekte sind Quelle und Auslöser für Veränderungen im Unternehmen.

3. *Einführung von Risikomanagement als Veränderungsprojekt:* Die Einführung und laufende Verbesserung der Risikomanagement Methoden stellt selbst ein Veränderungsprojekt dar. Gerade die Einführung bedarf einer guten Planung und Steuerung. Hier können Erkenntnisse aus Organisationsentwicklung und Change Management eingesetzt werden, um Risikomanagement erfolgreich im Unternehmen zu etablieren.

### 2.3.2 Risikomanagement und Organisationales Lernen

Im Risikomanagement wird ständig Wissen über Risiken und Maßnahmen verbessert, neu generiert und weitergegeben. Somit kommen auch für Risikomanagement viele Erkenntnisse aus dem Bereich des organisationalen Lernens zum Tragen. Die Lernprozesse im Unternehmen spielen sich auf verschiedenen Ebenen ab (siehe Abbildung 12) [27]:

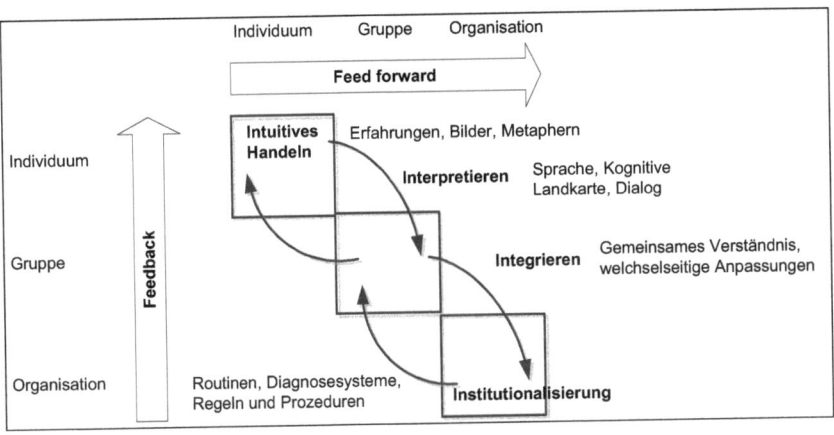

Abbildung 12 – Organisationales Lernen als Überführung des Lernens des Individuums hin zur Gruppe und weiter zum Lernen der Organisation über die Anpassung von Regeln und Routinen [27].
(Übersetzung aus dem Englischen vom Autor)

Die unterste Ebene ist dabei das individuelle Lernen der handelnden Personen, indem diese durch neue Entscheidungen und die intuitive Anwendung des vorhandenen Wissens neues Wissen aufbauen. Auf zweiter Ebene geschieht Lernen in der Gruppe, z.B. in einem Projektteam. Gemeinsam wird eine globale Sichtweise, eine kognitive Landkarte erstellt. Das individuell Gelernte wird dabei ständig interpretiert und in die bestehenden Modelle der Wirklichkeit eingebaut. Auf oberster Ebene steht das Lernen der Organisation insgesamt. Dies geschieht durch Institutionalisierung des neu erlernten Wissens, indem dieses als unternehmensweit gültige Regeln und Routinen etabliert wird. Diese Routinen werden dann in allen Projektteams von den einzelnen Teammitgliedern angewandt. Es entsteht ein Lernkreislauf [27].

Organisationales Lernen kann also als die Überführung der Erfahrungen von Einzelpersonen (individuelles Lernen) in das für alle anwendbare und gelebte Regelwerk der Organisation bezeichnet werden. Bei diesem Vorgang ist zu beachten, dass nicht automatisch jede Einzelerfahrung in eine unternehmensweite Regel überführt werden darf. Dies würde zu einer unkontrollierten Veränderung des Unternehmens führen und die Organisation handlungsunfähig machen. Zentraler Baustein eines strukturierten organisationalen Lernens ist somit eine Kontrolle und Auswahl, welches Wissen in den globalen Routinenschatz des Unternehmens übernommen wird [27].

Für das Risikomanagement ergeben sich im Kontext des organisationalen Lernens folgende Erkenntnisse und Herausforderungen:

1. *Lessons-Learned aus dem Risikomanagement als Quelle der Verbesserung in der Projektabwicklung:* In jedem Projekt gewinnt das Projektteam Erkenntnisse, welche Risiken aufgetreten sind, wie diese am besten abgewehrt werden können, aber auch welche Maßnahmen nicht zielführend sind. Es muss projektübergreifend analysiert werden, welche Risiken immer wieder auftreten und welche Maßnahmen erfolgreich sind. Diese werden dann in das generelle Standardvorgehensmodell für die Projektabwicklung des Unternehmens integriert und müssen in zukünftigen Projekten nicht neu entwickelt werden.

2. *Lernzyklus zur laufenden Verbesserung des Risikomanagements selbst:* Im Laufe der praktischen Anwendung des Risikomanagements in den Projekten ergeben sich immer wieder Verbesserungsvorschläge für das Risikomanagement selbst. Dies können Änderungen am Prozess sein oder inhaltliche Änderungen an den verwendeten Checklisten und Werkzeugen (z.B. Hinzufügen neuer Risiken in den Risikochecklisten).

### 2.3.3 Wissensmanagement und Risikomanagement

Im Risikomanagement wird Wissen in unterschiedlichen Formen generiert, in der Maßnahmenentwicklung verwendet, in Checklisten gespeichert, in Berichten aufbereitet und über Reviews und Schulungen weitergegeben. Um dies optimal durchführen zu können, können viele Erkenntnisse aus dem Wissensmanagement übernommen werden.

Nach Güttel dient Wissen „als Grundlage von Wettbewerbsvorteilen und Organisationen sind gezwungen, ständig ihre Ressourcen- und Kompetenzbasis zu entwickeln" [27]. Aufbau und Nutzung des Wissens in einer Organisation muss wie andere Ressourcen auch strukturiert gesteuert werden. Dieses Wissensmanagement ist „die Führungsaufgabe im Unternehmen, die sich mit der Nutzung und Weiterentwicklung von Wissen" befasst [28].

Wissensmanagement umfasst dabei die folgenden Teilaufgaben [27]:

**Bereich Wissensentwicklung (Exploration):**

1. *Wissensschaffung:* Eigene Forschung, in Projekten gewonnene Erfahrung
2. *Wissensakquisition:* Training, Aufnahme neuer Mitarbeiter, Patente, Vergleich mit anderen (Benchmarking)

**Bereich Wissensanwendung („Exploitation"):**

3. *Wissensintegration:* Neuproduktentwicklung, Definition und Anpassung von Prozessen
4. *Wissenstransfer:* Übertragung von Wissen auf neue Bereiche, strategische Planung, Übertragung von Wissen zwischen Personen und Gruppen
5. *Wissensverteilung:* Verfügbarmachung von Wissen für alle
6. *Wissensspeicherung:* Datenbanken, Standards, Prozeduren
7. *Wissensmessung:* Kompetenzmanagementmodelle
8. *Wissensidentifikation:* Projektreviews, Kompetenzmodellierung

Das meiste Wissen in einem Unternehmen ist in den Köpfen der Mitarbeiter gespeichert (implizites Wissen), nur ein Teil steht in Dokumenten, Datenbanken und Ähnlichem zur Verfügung (explizites Wissen). Traditionelle Ansätze der Wissensentwicklung gehen dahin, implizites Wissen beispielsweise durch Niederschreiben in Handlungsanweisungen in explizites Wissen umzuwandeln und so für alle nutzbar zu machen. Nach Güttel stoßen diese Ansätze aber schnell an ihre Grenzen, da erstens eine solche Explikation, also das vollständige und korrekte Niederschreiben, sehr schwierig und zum anderen das so dokumentierte Wissen nur schwer für andere nutzbar ist. Zusätzlich ist nur ein Teil des impliziten Wissens überhaupt explizierbar. Güttel führt daher zwischen implizitem und explizitem Wissen noch die Zwischenstufe des narrativen Wissens ein. Dies ist Wissen, das nicht dokumentiert ist, aber beispielsweise in mündlich erzählten Geschichten weitergegeben werden kann [27]. In Unternehmen ist es entscheidend, nicht nur implizites Wissen zu dokumentieren, sondern alle Wissensarten für den Unternehmenserfolg nutzbar zu machen. Das kann durch Weitergabe von Dokumenten genauso geschehen, wie zum Beispiel durch Erzählen von Geschichten beim Kaffeeautomaten oder indem ein junger Trainee einen erfahrenen Mitarbeiter bei der Arbeit begleitet und durch Abschauen und Nachahmung Wissen aufbaut. In Abbildung 13 sind die Zusammenhänge zwischen den Wissensarten und deren Repräsentationen auf Ebene des Individuums und der Organisation dargestellt:

| Individuelles Wissen | Organisationales Wissen |
|---|---|
| **Explizites Wissen** Individuelles dokumentierbares Wissen (Explizites Expertenwissen, dokumentierbare Erfahrungen etc.) | **Explizites Wissen** Dokumentierte Wissensbestände der Organisation (Berichte, Patente, Informationen in IT-Systemen etc.) |
| **Narratives/diskursives Wissen** Individuelles erzählbares Wissen (Lessons-learned, indiv. Stories etc.) | **Narratives/diskursives Wissen** Nicht dokumentierte, aber in „Stories" eingebundene Erfahrungen |
| **Implizites Wissen (Tacit Knowledge)** Individuelles nicht-dokumentierbares Wissen (nicht-dokumentierbare Erfahrungen) | **Implizites Wissen (Tacit Knowledge)** Regelsysteme & Organisationskultur (Denkmodelle, Werthaltungen, Normen, Wahrnehmungsstrukturen) |

Abbildung 13 – Nicht nur explizites Wissen (Dokumente), sondern auch implizites und narratives Wissen muss in einer Organisation weitergegeben und nutzbar gemacht werden [27]

Risikomanagement ist in großen Bereichen die Anwendung von Erkenntnissen und Methoden des Wissensmanagements:

1. *Risikoidentifikation als Wissensexplikation:* Die meisten Risiken sind in den Köpfen des Projektteams bereits bekannt. Bei der Risikoidentifikation geht es darum, diese bisher nicht explizit ausgedrückten Risiken zu benennen und zu dokumentieren.

2. *Risikochecklisten als gespeichertes Wissen:* Die Risikochecklisten sind die gesammelte Erfahrung der Risiken aus bisherigen Projekten (eigene und in der Literatur vorhandene).

3. *Verbesserung des Risikomanagements durch Wissensschaffung und Wissensintegration:* Beim Einsatz von Risikomanagement in Projekten

werden ständig neue Erfahrungen gemacht. Diese fließen strukturiert in die bestehenden Risikochecklisten und Verbesserungen am Risikomanagementprozess selbst ein.

4. ***Projektreviews zur Wissensidentifikation:*** In den am Ende eines Projektes durchgeführten Reviews wird analysiert, welche Erfahrungen gemacht wurden und welche davon weitergegeben werden sollten.

5. ***Risikomanagement Berichte und Lessons-Learned zur Wissensverteilung:*** Berichte aus zuvor durchgeführten ähnlichen Projekten sind eine hervorragende Quelle von Ideen für neue Projekte. Sie helfen zu vermeiden, dass dieselben Fehler wieder gemacht werden.

**Zusammenfassung:** Im zweiten Kapitel wurde eine Einführung in Konzepte und Aufgaben des Risikomanagements gegeben, die Integration in bekannte Projektvorgehensmodelle in der Softwareentwicklung dargestellt und Risikomanagement im Kontext von organisationalem Lernen und Wissensmanagement beleuchtet. Im nächsten Kapitel wird nun die auf diesen Grundlagen entwickelte Risikomanagement Methode für KMU Softwareunternehmen beschrieben.

# 3 RISIKOMANAGEMENT METHODE FÜR KMU

## 3.1 Besondere Anforderungen für Risikomanagement in KMU

Bevor die Methode selbst dargestellt wird, wird in diesem Abschnitt genauer auf die Besonderheiten in KMU in Bezug auf den Reifegrad im Projektmanagement und Rahmenbedingungen für das Risikomanagement eingegangen.

In Kapitel 1.1.2 „Risikomanagement in kleinen Softwareunternehmen" wurde umrissen, dass der Großteil der Softwareentwicklungsunternehmen in den Bereich der KMU fällt. Nach Huang et al. sind KMU Softwareunternehmen durch folgende Eigenschaften charakterisiert [29]:

1. Geringe Größe
2. Flexibilität
3. Entwickler sind Technologieexperten und All-Rounder
4. Wenige erfahrene Projektleiter
5. Einfache Kommunikationswege, aber wenig schriftliche Dokumentation
6. Geringes Bewusstsein für Qualitätsmanagement und geringer Nutzen daraus
7. Schwaches Management
8. Nicht-standardisierte Entwicklungsprozesse
9. Wenig Wiederverwertung

Die meisten KMU Softwareunternehmen haben keine standardisierten Prozesse für die Projektumsetzung, sind sich aber bewusst, dass dies sinnvoll wäre und würden ihre Prozesse daher gerne verbessern. Ein weit verbreitetes Modell für die Prozessverbesserung und Beurteilung des Reifegrades der einzelnen Prozesse ist das „Capability Maturity Model Integration for Development" (CMMI) der Carnegie Mellon University [30]. Dieses bietet für 22 Prozessbereiche (Projektplanung, Messung und Analyse, Risikomanagement u.s.w.) Beschreibungen, Ziele und Techniken für die Umsetzung an.

Jedes Unternehmen kann für jeden CMMI Prozessbereich eine Einstufung vornehmen, die ihm zeigt, wie reif sein aktueller Ist-Prozess ist. Die Einstufung passiert dabei in „Reifegrade" (Maturity Levels), die zeigen, inwieweit ein Prozess institutionalisiert und formalisiert ist [31]:

1. *Initial:* „Keine Anforderungen. Diesen Reifegrad hat jede Organisation automatisch."

2. *Geführt:* „Die Projekte werden geführt. Ein ähnliches Projekt kann erfolgreich wiederholt werden."

3. *Definiert:* „Die Projekte werden nach einem angepassten Standardprozess durchgeführt und es gibt eine organisationsweite kontinuierliche Prozessverbesserung."

4. *Quantitativ gemessen:* „Es wird eine statistische Prozesskontrolle durchgeführt."

5. *(Selbst-)Optimierend:* „Die Arbeit und Arbeitsweise werden mit Hilfe einer statistischen Prozesskontrolle verbessert."

Der Erfahrung des Autors nach befinden sich die meisten KMU Softwareunternehmen in fast allen Prozessbereichen auf CMMI Maturity Level 1 oder 2, d.h. die Projekte werden zwar geführt, aufgrund der persönlichen Erfahrung der Projektleiter können Erfolge zum Teil auch reproduziert werden, eine Standardisierung oder gar eine kontinuierliche Messung und Optimierung der Prozesse findet jedoch nicht statt. Da Risikomanagement in den seltensten Fällen explizit betrieben wird, gelten diese Überlegen dafür in besonderem Maße.

Wird in einem KMU Risikomanagement eingeführt, ist dies oft der erste Schritt in Richtung standardisierter Projektabwicklung. Entsprechend behutsam muss dabei vorgegangen werden, da dies als Bürokratismus und Einschränkung der Kreativität wahrgenommen wird. Des Weiteren muss darauf geachtet werden, dass die Flexibilität erhalten bleibt und die Kosten für das Projektmanagement nicht allzu stark erhöht werden, da dies eine Verringerung eines Wettbewerbsvorteils des Unternehmens bedeuten würde. Ebenfalls zu beachten ist, dass in KMU Budget und Mitarbeiterzeit für Projektmanagement und dessen Verbesserung sehr knapp sind, und daher in der Literatur beschriebene Methoden praktisch immer zurechtgeschnitten und angepasst werden müssen [8], [12]. All diese Überlegungen beeinflussen maßgeblich die Gestaltung und Einführung einer Risikomanagement Methode in KMU Softwareunternehmen.

Aus der Problemstellung Risiken in Softwareprojekten aktiv bearbeiten zu müssen und den angeführten Rahmenbedingungen in KMU ergeben sich folgende Zielsetzungen für die in dieser Arbeit entwickelte Risikomanagement Methode:

- *Das Risikomanagement muss die Projektleiter unterstützen, Risiken zu erkennen, zu behandeln und somit Schaden zu verhindern.* Gerade in kleinen Softwareunternehmen muss von Beginn an sichtbar sein, dass Risikomanagement in der Lage ist, Risiken aufzuzeigen und zu verhindern, dass daraus Schaden entsteht.

- *Die Risikomanagement Methode muss Methoden und Werkzeuge bieten, um die Aufgaben einfach und mit wenig Aufwand erledigen zu können.*

- *Das Risikomanagement muss flexibel an das Unternehmen und an jedes Projekt angepasst werden können.* Dies umfasst die Anpassung der verwendeten Checklisten ebenso wie das Zusammenlegen oder Weglassen von Prozessschritten [12].

- *Risikomanagement muss in den gesamten Projektlebenszyklus eingebunden sein.* Es muss bereits vor der Umsetzungsphase beginnen und fixer Bestandteil des Vertriebsprozesses sein, da Risiken, die nach der Festlegung des Projektpreises gefunden werden, nur mehr mit hohen Kosten zu Lasten des Softwareunternehmens verhindert werden können. Risikomanagement muss daher bereits in Anforderungsdefinition, Kostenschätzung und Angebotserstellung integriert sein [32], [33].

- *In der Risikomanagement Methode muss von vornherein ein Mechanismus zur laufenden Verbesserung und Anpassung der Prozesse und Werkzeuge vorgesehen sein.* Dadurch ist sichergestellt, dass neue Herausforderungen rasch im Risikomanagement berücksichtigt, Risiken immer besser erkannt und Schaden daraus immer besser verhindert werden kann [34]. Neben der kontinuierlichen Verbesserung des Risikomanagements selbst werden die dabei gewonnenen Erkenntnisse immer wieder Anstoß zur Verbesserung des gesamten Entwicklungsprozesses geben.

## 3.2 Überblick über die Risikomanagement Methode für KMU

Nach Heinrich ist eine Methode eine „auf einem System von Regeln aufbauende, intersubjektiv nachvollziehbare Handlungsvorschrift (z.B. ein Algorithmus) zum Problemlösen" [13]. Eine Risikomanagement Methode ist somit eine Handlungsvorschrift zur Lösung der Aufgabenstellungen im Bereich Risikomanagement. Da die Aufgabenstellungen aus sehr unterschiedlichen Teilen bestehen, kombiniert die hier entwickelte Risikomanagement Methode wiederum verschiedene Methoden zur Lösung der Teilaufgaben.

Nach Roy muss eine Risikomanagement Methode folgendes beinhalten [17]:

- Richtlinien für die Analyse eines Projektes nach Risikofaktoren
- Einen Prozess zur Gruppierung der Risiken
- Ein Modell zur formalen Risikoanalyse
- Einen Prozess zur Identifikation und Analyse von Risiken und zur Entwicklung von Maßnahmen
- Methoden für Monitoring und Review aller Risikoelemente

Die meisten dieser Punkte betreffen das Finden und Bewerten von Risiken und die Maßnahmenentwicklung. In der folgenden Beschreibung der Methode werden neben dem eigentlichen Prozess mit den oben beschriebenen Elementen noch Rollen, Artefakte und ein Konzept für die Einführung in einem Unternehmen entworfen.

Die Risikomanagement Methode beinhaltet die Erledigung aller in Kapitel „2.1.4 Risikomanagement Aufgaben im Detail" beschriebenen Teilaufgaben. Das Identifizieren, Analysieren und Bewerten von Risiken, sowie das Entwickeln von Maßnahmen für die gefundenen Risiken geschieht dabei immer gemeinsam in einem Durchgang, ein solcher Durchgang wird als „Risikoassessment" bezeichnet.

Innerhalb eines Projektes gibt es mehrere Risikoassessments. Das erste findet direkt nach dem Erstkontakt zum Projekt statt, das letzte unmittelbar vor seinem Abschluss. In der Vorprojekt- und Spezifikationsphase werden die in den Risikoassessments verwendeten Checklisten sukzessive länger und detaillierter. Somit passt sich das Risikomanagement an den stetig steigenden Kenntnisstand über Anforderungen, Ansprechpersonen, Projektumfeld und Umsetzungskonzepte an. Bei allen Risikoassessments während der Umsetzungsphase wird auch eine Kontrolle der

Maßnahmenumsetzung durchgeführt. Den Abschluss des Risikomanagements in einem Projekt bildet ein Projektreview, in dem unter anderem auch die gefundenen Risiken und die Effektivität der getroffenen Maßnahmen beleuchtet werden.

## 3.3 Integration des Risikomanagements in ein Projekt

Für die Darstellung der möglichen Integration von Risikomanagement in ein Projekt wird dieses in die drei Phasen Vorprojekt, Umsetzung und Nachprojekt eingeteilt. In jeder dieser Phasen ist das Risikomanagement eingebunden.

### 3.3.1 Risikomanagement in der Vorprojektphase

Abbildung 14 zeigt die Integration von Risikomanagement in die Vorprojektphase. Dies geschieht in mehreren Iterationen, am Ende jeder Iteration steht als Ergebnis ein Risikoprofil.

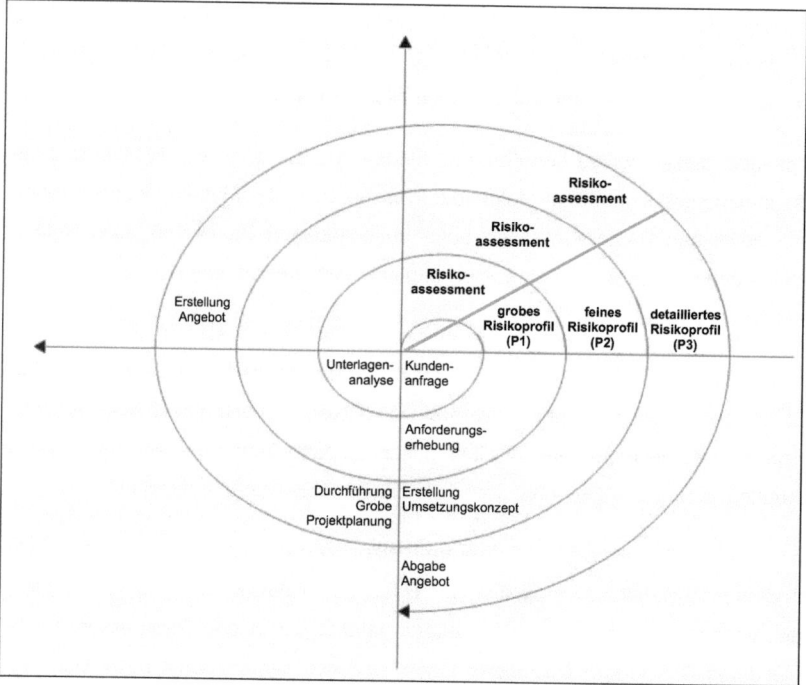

Abbildung 14 - Integration des Risikomanagements in die Vorprojektphase bis zur Beauftragung

Das erste, sehr grobe Risikoassessment erfolgt unmittelbar nach dem Erstkontakt zum Projekt durch den Vertriebsmitarbeiter. Dessen Ergebnis, das **grobe Risikoprofil (P1)**, liefert die Grundlage für die Entscheidung, ob das Projekt weiter verfolgt wird oder bereits jetzt feststeht, dass es nicht angenommen werden kann. Die nächste Risikoassessment erfolgt, wenn nach den ersten Besprechungen zum Projektumfang die groben Projektziele und Anforderungen bekannt sind, und ist schon etwas feiner. Auf Basis des so erstellten **feinen Risikoprofils (P2)** wird entschieden, ob ein detailliertes technisches Lösungskonzept ausgearbeitet wird. Ist die Entscheidung positiv und darauf folgend ein Umsetzungskonzept vorhanden, wird ein detailliertes Risikoassessment für das Projekt inklusive technischer Risiken, die sich aus dem Design der Lösung ergeben, durchgeführt. Ergebnis ist ein **detailliertes Risikoprofil (P3).** Dieses bildet die Grundlage für die Aufwandsschätzung und das Angebot an den Kunden. Mit diesem Schritt ist die Vorprojektphase abgeschlossen.

### 3.3.2 *Risikomanagement in der Umsetzungsphase*

Den Beginn der Umsetzungsphase stellt die Beauftragung durch den Kunden dar, hier startet das eigentliche Software-Entwicklungsprojekt. Abbildung 15 (nächste Seite) zeigt die Integration von Risikomanagement in die Umsetzungsphase. In dieser Phase wird erst eine Gesamtprojektplanung durchgeführt, die Umsetzung selbst erfolgt dann wiederum in mehreren Iterationen. In der Abbildung ist die Gesamtprojektplanung und exemplarisch eine Iteration dargestellt, Ergebnis aus Sicht des Risikomanagements ist jeweils wieder ein Risikoprofil.

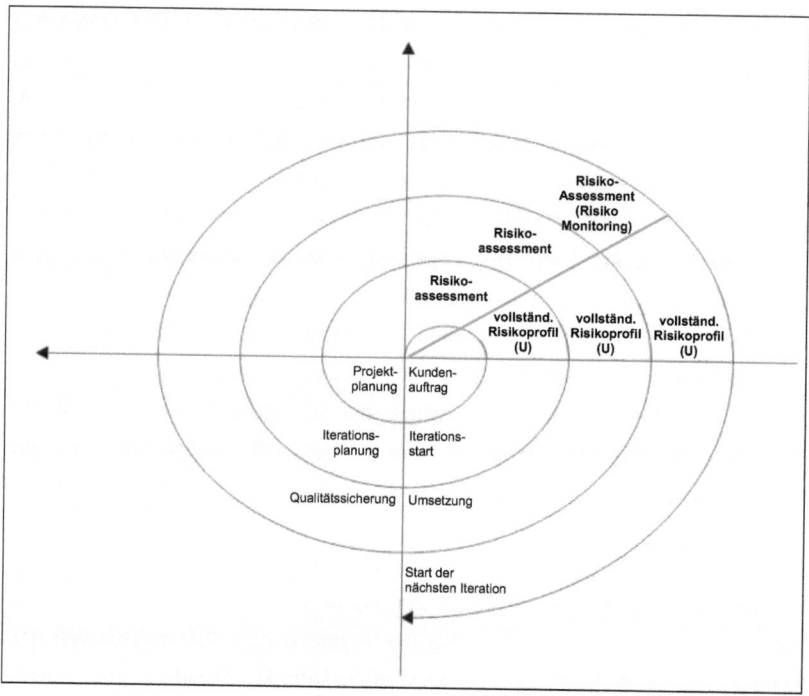

Abbildung 15 - Integration von Risikomanagement in die Umsetzungsphase

Während der Gesamtprojektplanung wird in einem Risikoassessment das detaillierte Risikoprofil (P3) aus der Vorprojektphase überprüft und um Risiken, die sich aus der Projektplanung ergeben, ergänzt. Ergebnis ist das **vollständige Risikoprofil für das Projekt ($U^2$)**. Die Umsetzung selbst erfolgt meist in mehreren Iterationen, hierbei findet nach erfolgter Planung jeder Iteration wiederum ein Risikoassessment statt. Laufend wird im Zuge des Projektcontrollings ein Risiko Monitoring durchgeführt und das Risikoprofil überprüft und ggf. angepasst. Die Risikoassessments am Beginn der Umsetzung, am Beginn jeder Iteration und im Zuge des Risiko Monitorings laufen im Wesentlichen gleich ab. Es werden dieselben Tätigkeiten durchgeführt (Identifikation, Analyse, Maßnahmenplanung, Maßnahmencontrolling) und dieselben Checklisten verwendet (siehe „3.4 Ablauf eines Risikoassessments").

---

[2] Das „U" steht dabei für Umsetzungsphase.

### 3.3.3 Risikomanagement in der Nachprojektphase

Nach Umsetzung der letzten Iteration wird die fertige Software ausgeliefert, beim Kunden installiert und abgenommen. Es startet die Produktivbetriebsphase, in der zu Beginn noch kleinere Fehlerkorrekturen und Anpassungen vorgenommen werden. Nach Ende dieser Betriebsstartphase befindet sich die Software im Produktivbetrieb. An dieser Stelle wird das Projekt als abgeschlossen angesehen. Als Abschluss des Risikomanagements und des gesamten Projektes wird ein **Projektreview (R)** durchgeführt, in dem das Projekt nochmals beleuchtet und Erkenntnisse für zukünftige Projekte gesammelt werden.

## 3.4 Ablauf eines Risikoassessments

Der Ablauf aller Risikoassessments im Projektverlauf, sowohl in der Vorprojekt- als auch in der Umsetzungsphase ist immer gleich, unterschiedlich sind lediglich die dabei produzierten Risikoprofile (Artefakte), welche mit steigendem Wissensstand immer kompletter werden. Ein Risikoprofil ist dabei eine ausgefüllte Checkliste, deren Umfang je nach Projektphase variiert. Zu Beginn sind die Checklisten sehr kurz, während der Umsetzung zunehmend umfangreicher.

Im Folgenden wird der Ablauf eines Risikoassessments vorgestellt, danach werden in die im Projektverlauf erstellten Artefakte beschrieben.

### 3.4.1 Zielsetzung und Teilnehmer

Ein Risikoassessment hat das Ziel, für die aktuelle Projektphase alle relevanten Risiken zu identifizieren, deren Auswirkungen zu analysieren und Maßnahmen zur Schadensabwehr festzulegen. Wurden in dem Projekt bereits Risikoassessments durchgeführt, so wird auf deren Ergebnissen aufgebaut.

Grundsätzlich kann ein Risikoassessment vom Projektleiter alleine durchgeführt werden, dies minimiert den benötigten Aufwand. Er wird dazu mit Checklisten und Werkzeugen bestmöglich unterstützt. Bessere Ergebnisse erzielt man jedoch, wenn ein weiterer projektexterner Experte am Assessment teilnimmt. Dieser muss nicht in allen Einzelheiten mit dem Projekt vertraut sein, sollte aber viel Erfahrung in der Leitung von ähnlichen Softwareprojekten haben. So kann er die Einschätzungen des Projektleiters kritisch hinterfragen und auf weitere Risiken hinweisen, auf die er in vergangenen Projekten gestoßen ist.

### 3.4.2 Risikoidentifikation und Risikobewertung

Im ersten Schritt eines Risikoassessments geht der Projektleiter alle Risiken des zu erstellenden Risikoprofils (P1-3, U) durch. Abbildung 16 zeigt einen Auszug aus einer solchen Risikocheckliste inklusive des Risikowertes für die Risiken (in der Spalte „Einschätzung").

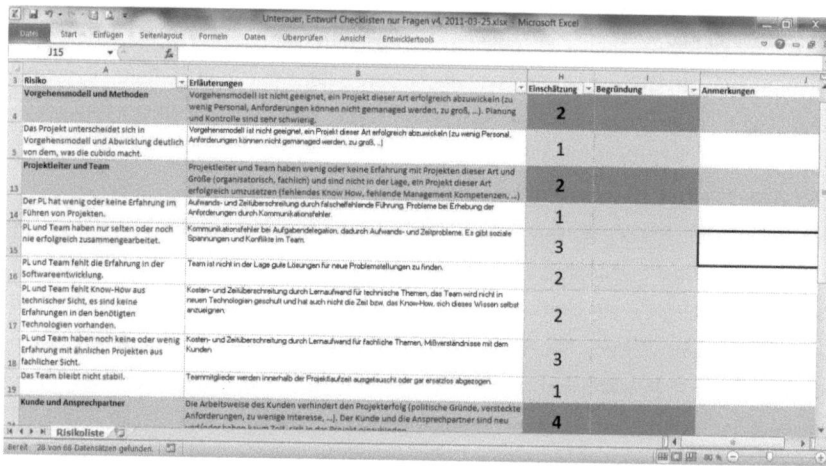

Abbildung 16 - Beispiel für Risikocheckliste für die Umsetzungsphase für den Bereich „Komplexität"

Zu jedem Risiko gibt der Projektleiter seine Einschätzung auf einer 0 – 5 Skala ab. Dieser Wert beschreibt, wie stark das Risiko zutrifft und wie dringlich es behandelt werden muss. In Tabelle 5 (nächste Seite) ist die Skala für den Risikowert dargestellt, sie basiert auf der im „One Minute Risk Assessment Tool" verwendeten Skala [18]. Sie wurde um den Wert 0 („Kein Risiko") ergänzt, um eine gerade Anzahl von Skalenklassen zu erhalten und somit zu verhindern, dass allzu oft die Einschätzung „Mittel" oder „Fifty-Fifty" gewählt wird.

| Risikowert | Beschreibung |
|------------|--------------|
| 0 | Kein Risiko |
| 1 | Minimales Risiko |
| 2 | Geringes Risiko |
| 3 | Merkliches Risiko |
| 4 | Erhebliches Risiko |
| 5 | Sehr hohes Risiko |

Tabelle 5 - Skala für Risikowert

Dieser eindimensionale Risikowert ist sehr einfach auszufüllen und eignet sich gut für die weitere Analyse und Darstellung in Berichten. Für die hier entwickelte Methode genügt es, bei der Risikobewertung diesen einen Wert für jedes Risiko zu ermitteln, da dieser für einen Überblick, welche Bereiche im Projekt Risiken in sich bergen und welche dringend angegangen werden müssen ausreichend ist.

Darüber hinaus kann es aber immer wieder sinnvoll sein, zu einem Risiko neben dem Risikowert selbst als Zusatzinformation Eintrittswahrscheinlichkeit und Schaden zu erfassen oder aber – im Sinne einer Unterstützung bei der Abschätzung – den Risikowert aus Eintrittswahrscheinlichkeit und Schaden zu ermitteln. Die Berechnung erfolgt dabei nicht unbedingt durch einfache Multiplikation gemäß Risikoformel, sondern kann an das jeweilige Unternehmen angepasst werden, sodass beispielsweise Risiken mit hohem Schaden immer einen hohen Risikowert erhalten, egal wie hoch die Eintrittswahrscheinlichkeit ist (siehe Abbildung 17 auf Seite 55 und Kapitel „3.8.4 Anpassung der Methode an das Unternehmen"). Eintrittswahrscheinlichkeit und Schaden sind also als optionale Zusatzinformationen zum Risikowert zu sehen.

Eintrittswahrscheinlichkeit und möglicher Schaden werden ebenfalls auf einer 0 – 5 Skala bewertet (siehe Tabelle 6 und Tabelle 7, beide auf der nächsten Seite). Die beiden Skalen basieren auf den von Schmidt angeführten Skalen für Eintrittswahrscheinlichkeit und Schaden [14], wurden jedoch von vier auf sechs

Skalenklassen erweitert, um eine etwas feinere Unterscheidung treffen zu können und in der Klassenanzahl mit dem Risikowert übereinzustimmen.

Die Eintrittswahrscheinlichkeit entspricht einer Bewertung, inwieweit die Aussage (z.B. „Der Zeitrahmen für das Projekt ist sehr knapp") auf das Projekt zutrifft.

| Eintrittswahrscheinlichkeit | Beschreibung |
|---|---|
| 0 | Eintritt praktisch unmöglich<br>bzw. Aussage trifft nicht zu |
| 1 | Eintritt sehr unwahrscheinlich<br>bzw. Aussage trifft nur sehr wenig zu |
| 2 | Eintritt eher unwahrscheinlich<br>bzw. Aussage trifft auf das Projekt eher wenig zu |
| 3 | Eintritt eher wahrscheinlich<br>bzw. Aussage trifft auf das Projekt eher zu |
| 4 | Eintritt sehr wahrscheinlich<br>bzw. Aussage trifft ziemlich gut zu |
| 5 | Eintritt praktisch sicher<br>bzw. Aussage trifft auf das Projekt voll zu |

Tabelle 6 - Skala für Bewertung der Eintrittswahrscheinlichkeit

| Schaden | Beschreibung |
|---|---|
| 0 | Kein Schaden |
| 1 | Minimaler Schaden |
| 2 | Geringer Schaden |
| 3 | Merklicher Schaden |
| 4 | Hoher Schaden |
| 5 | Sehr hoher Schaden |

Tabelle 7 - Skala für Bewertung des Schadens

In Abbildung 17 sind die Eintrittswahrscheinlichkeit und Schaden als Dimensionen in einer Matrix dargestellt, die Felder der Matrix beinhalten den sich daraus ergebenden Risikowert. Um der Erkenntnis Rechnung zu tragen, dass eine einfache Multiplikation von Schaden mal Eintrittswahrscheinlichkeit nicht immer einen für das Unternehmen passenden Risikowert liefert (siehe „2.1.4.2 Risikoanalyse und Risikobewertung"), kann diese Risikomatrix angepasst (kalibriert) werden, d.h. es kann individuell definiert werden, welcher Risikowert je Schadensklasse und Eintrittswahrscheinlichkeit geliefert wird. Näheres zu dieser Kalibrierung der Risikomatrix siehe Kapitel „3.8.4.3 Kalibrierung der Risikowertberechnung".

| Unternehmen | Praktisch unmöglich (0%) | Sehr unwahrscheinlich (20%) | Eher unwahrscheinlich (40%) | Eher wahrscheinlich (60%) | Sehr wahrscheinlich (80%) | Praktisch sicher (100%) |
|---|---|---|---|---|---|---|
| Kein Schaden | 0 | 0 | 0 | 0 | 0 | 0 |
| Minimaler Schaden | 0 | 0 | 1 | 2 | 2 | 2 |
| Geringer Schaden | 0 | 1 | 2 | 2 | 3 | 4 |
| Merklicher Schaden | 1 | 2 | 3 | 4 | 5 | 5 |
| Hoher Schaden | 3 | 3 | 4 | 5 | 5 | 5 |
| Sehr hoher Schaden | 3 | 4 | 5 | 5 | 5 | 5 |

Abbildung 17 - Beispiel einer unternehmensspezifischen Kalibrierung der Risikowertberechnung. Risiken mit hohem Schaden werden immer höher bewertet, als die bloße Multiplikation von Wahrscheinlichkeit und Schaden ergeben würde.

In der Praxis zeigt sich, dass es für manche Projektleiter im ersten Assessment schwierig ist, eine konsistente Einschätzung von beispielsweise „merklichem Risiko" zu finden. Hier ist es wichtig, vorab Richtlinien festzulegen, was im konkreten Unternehmen als „merkliches Risiko" zu verstehen ist (siehe „3.8.4.4 Festlegen von Parametern für das Risikomanagement").

### 3.4.3 Maßnahmenplanung

Neben der Risikoidentifikation und -bewertung werden in jedem Risikoassessment für alle relevanten Risiken Maßnahmen geplant. Dies kann gleich nach der Bewertung eines Risikos erfolgen oder als eigener Schritt nach dem Ausfüllen der Checkliste. Zu jedem Risiko werden zwei Arten von Maßnahmen geplant:

- **Präventive Maßnahmen zur Vermeidung des Risikos:** Es werden Aktionen festgelegt, die das Eintreten des Risikos verhindern bzw. die Eintrittswahrscheinlichkeit senken.

- **Maßnahmen bei Eintritt des Risikos:** Es wird geplant, was getan werden kann, wenn das Risiko doch eintritt. Ziel dieser Maßnahmen ist die Verringerung des entstehenden Schadens.

Die Entwicklung und Ausführung von Maßnahmen für Risiken kostet viel Zeit. Um diesen Aufwand gering zu halten, ist es notwendig die Anzahl der Risiken, für die Maßnahmen definiert werden müssen einzuschränken (siehe auch „2.1.4.3 Risikoplanung und Maßnahmenentwicklung"). Diese Einschränkung erfolgt am einfachsten nach Risikowert. Risiken mit Risikowert über einer zuvor definierten Schwelle (z.B. > 3) müssen mit Maßnahmen versehen werden, für Risiken unter dem Schwellenwert sind Maßnahmen optional (siehe „3.8.4.4 Festlegen von Parametern für das Risikomanagement").

Gerade für die Maßnahmenplanung ist es sinnvoll, auf vergangene Daten oder Vorschläge zurückzugreifen. Das Risikomanagement Werkzeug muss hier die Möglichkeit bieten, Maßnahmen für ein Risiko aus anderen Projekten bzw. vordefinierte Maßnahmenvorschläge anzusehen und gegebenenfalls zu übernehmen (siehe „3.8.4.5 Erstellen von Vorschlägen für Maßnahmen für Risiken"). Die Risikomanagement Datenbank dient somit als Lernplattform und Basis für die ständige Verbesserung der Risikomaßnahmen.

### 3.4.4 Maßnahmencontrolling

Wurden für das Projekt in vorangegangenen Risikoassessments bereits Maßnahmen geplant, so muss deren Umsetzung laufend kontrolliert werden. Diese Kontrolle kann im Zuge des Risikoassessments erfolgen oder ins normale Aufgabencontrolling des Projektes integriert werden.

### 3.5 Risikoprofile im Projektverlauf

Nachdem im vorangegangenen Abschnitt die Risikomanagement Methode aus Ablaufsicht vorgestellt wurde, werden im Folgenden die bei den einzelnen Assessments erzeugten Artefakte, also die Risikoprofile, beschrieben. Zentraler Punkt sind hierbei die verwendeten Checklisten. Diese werden nur auszugsweise dargestellt, die kompletten Checklisten finden sich im Anhang (siehe „11.1 Checklisten für die einzelnen Prozessschritte").

---

### 3.5.1 P1: Grobes Risikoprofil nach Erstkontakt zu Projekt

Nach dem Erstkontakt mit dem Kunden wird ein sehr einfaches Risikoprofil erstellt. In dieser Phase ist meist noch kein Projektleiter definiert, die Risikoabschätzung erfolgt durch einen Vertriebsmitarbeiter. Da noch sehr wenige Informationen über das Projekt vorliegen, ist auch die Risikoeinschätzung noch sehr grob. Ziel der Erstellung des groben Risikoprofils ist es entscheiden zu können, ob das Projekt grundsätzlich für das Unternehmen in Frage kommt. Fordert der Kunde etwa ein Vorgehensmodell, dass nicht verwendet wird oder sprengt der Projektumfang die personellen Möglichkeiten des Unternehmens, so ist bereits jetzt ein zu hohes Risiko erkennbar und die Anfrage des Kunden wird nicht weiter verfolgt.

Die für das erste Risikoprofil verwendete Checkliste basiert auf dem „One-Minute Risk Assessment Tool" von Tiwana und Keil [18] und den sechs Risikodimensionen von Wallace [15]. In der Checkliste wird für sechs Risikobereiche abgefragt, ob sich aus den Anforderungen und Rahmenbedingungen des Projektes bei den gegebenen Möglichkeiten des Unternehmens Risiken ergeben, siehe Tabelle 8:

| Risikobereich | Beschreibung |
|---|---|
| Vorgehensmodell und Methoden | Das Vorgehensmodell ist nicht geeignet, ein Projekt dieser Art erfolgreich abzuwickeln (zu wenig Personal, Anforderungen können nicht behandelt werden, zu groß, …). Planung und Kontrolle sind sehr schwierig. |
| Projektleiter und Team | Projektleiter und Team haben wenig Erfahrung mit Projekten dieser Art und Größe (organisatorisch, fachlich) und sind nicht in der Lage, ein Projekt dieser Art erfolgreich umzusetzen (fehlendes Know-How, fehlende Management Kompetenzen, …) |
| Kunde und Ansprechpartner | Die Arbeitsweise des Kunden verhindert den Projekterfolg (politische Gründe, versteckte Anforderungen, zu wenige Interesse, …). Der Kunde und die Ansprechpartner sind neu und / oder haben kaum Zeit, sich in das Projekt einzubringen. |

| Erfahrung | Es wurden noch keine ähnlichen Projekte dieser Art erfolgreich abgeschlossen (technisch, inhaltlich). Im Laufe des Projektes treten dann unerwartete Probleme auf (Technologie, fachliche Anforderungen, organisatorische Probleme, ...). Das Projektteam kann dem Kunden nicht die richtigen Fragen stellen. |
|---|---|
| Komplexität | Das Projekt bildet viele anspruchsvolle Prozesse ab, es sind viele zusammenhängende Funktionen gefordert, die Technologie ist komplex, es gibt viele Interaktionen mit anderen Systemen. Die Qualitätssicherung ist nicht geeignet für ein Projekt dieser Art. |
| Anforderungen | Die Anforderungen sind sehr grob und unklar, es ist mit vielen Änderungen zu rechnen. Der Kunde ist unzufrieden mit dem Produkt, Aufwands- und Zeitziele können nicht eingehalten werden (falsche Anforderungen spezifiziert, viele Änderungen und dadurch Qualitätsprobleme). |

Tabelle 8 - Checkliste für erste Risikoabschätzung (P1)

Für diese sechs Bereiche wird auf der oben beschriebenen 0 – 5 Skala eine Risikoeinschätzung durchgeführt. Die Definition von Maßnahmen ist in dieser Phase noch nicht verpflichtend, es ist jedoch unbedingt notwendig, die als kritisch eingestuften Bereiche in den folgenden Detailbesprechungen mit dem Kunden intensiv zu diskutieren und zu entschärfen.

### 3.5.2 P2: Feines Risikoprofil nach Anforderungsdefinition

Zeigt das grobe Risikoprofil keine projektverhindernden Risiken, wird mit dem Kunden möglichst genau festgelegt, was die Anforderungen an die zu erstellende Software sind und welche Rahmenbedingungen (Zeitrahmen, Budget, organisatorische Bedingungen) einzuhalten sind. Es wird auch ein erstes Lösungskonzept entworfen. Diese Pre-Project - Workshops mit dem Kunden werden meist von Vertriebsmitarbeitern geführt, oft unterstützt von erfahrenen Entwicklern. Am Ende dieser Phase sind die wesentlichen Projektziele bekannt, dies entspricht in etwa dem von Barry Boehm als „LCO" („Life-cycle objectives") definierten Projektmeilenstein [35]. Zu diesem Zeitpunkt sollte auch das Projektteam für die Umsetzung fixiert sein.

Sind alle diese Schritte erledigt, wird das nächste Risikoassessment durchgeführt. Ziel des darin erstellten feinen Risikoprofils (P2) ist es entscheiden zu können, ob das Projekt grundsätzlich machbar und die Ausarbeitung eines detaillierten technischen Umsetzungskonzeptes sinnvoll ist. Da die Erarbeitung eines solchen Detailkonzeptes sehr viel Aufwand und somit Kosten bedeutet, ist diese Entscheidung für ein KMU wesentlich.

Die Checkliste für diese Projektphase greift die Risikobereiche aus P1 auf und präzisiert sie mit den Erkenntnissen, die sich aus den Anforderungen des Kunden, dem groben Lösungskonzept und dem Projektteam ergeben. Indem die Risikobereiche aus P1 hier (und in sämtlichen weiteren Risikochecklisten) als Gruppierungselemente weiterverwendet werden, sind Auswertungen über die Veränderungen im Zeitverlauf und Gruppierungen auf Bereichsebene im Projektverlauf sehr einfach möglich.

Die Risikogruppen für die Checkliste stammen von Tiwana und Keil [18] und Wallace [15] und entsprechen den Checklistenpositionen aus P1. Die Risiken für die Checkliste für P2 basieren vor allem auf der von Delany und Cunningham entwickelten Liste der wesentlichen Kostentreiber in Softwareprojekten [33], sowie der Risk Taxonomy von Carr et. al. [9]. Sie wurden basierend auf den Erfahrungen des Autors und den Ergebnissen der Fallstudie an die Anforderungen in KMU angepasst. Als Beispiel stellt Tabelle 9 die Risiken aus dem Bereich „Projektleiter und Team" dar:

| Risiko | Beschreibung |
|---|---|
| **Bereich „Projektleiter und Team"** | |
| **Der Projektleiter hat wenig oder keine Erfahrung im Führen von Projekten.** | Aufwands- und Zeitüberschreitung durch falsche / fehlende Führung. Probleme bei Erhebung der Anforderungen durch Kommunikationsfehler. |

| | |
|---|---|
| **Projektleiter und Team haben nur selten oder noch nie erfolgreich zusammengearbeitet.** | Kommunikationsfehler bei Aufgabendelegation, dadurch Aufwands- und Zeitprobleme. Es gibt soziale Spannungen und Konflikte im Team. |
| **Projektleiter und Team fehlt die Erfahrung in der Softwareentwicklung.** | Das Team ist nicht in der Lage, gute Lösungen für neue Problemstellungen zu finden. |
| **Es sind externe Mitarbeiter beteiligt und übernehmen wesentliche Aufgaben.** | Gemeinsame Entwicklung am selben Ort ist nicht immer möglich. Wenn externe Mitarbeiter nicht mehr verfügbar sind, ist der Know-How Transfer schwierig. Externe Mitarbeiter verursachen bei ungeplanten Einsätzen hohe Kosten. |
| **Das Team bleibt in der Umsetzungszeit nicht stabil.** | Teammitglieder werden ausgetauscht oder gar ersatzlos abgezogen. |

Tabelle 9 – Auszug aus der Checkliste für Risikoassessment nach grober Anforderungsdefinition (P2)

Neben den in der Checkliste vorgegebenen Standardrisiken für Softwareprojekte können in dieser Phase auch in der Checkliste nicht enthaltene projektindividuelle Risiken ergänzt werden, die sich aus den fachlichen, technischen und organisatorischen Bedingungen im konkreten Projekt ergeben.

### 3.5.3 P3: Detailliertes Risikoprofil bei Konzept- und Angebotserstellung

Im Zuge der Angebotserstellung wird ein weiteres Risikoassessment durchgeführt. Das dabei erstellte detaillierte Risikoprofil (P3) muss alle technischen, fachlichen und organisatorischen Risiken beinhalten, die sich auf die Umsetzungskosten auswirken können. Basis für dieses Risikoprofil und für das Angebot sind die möglichst genau spezifizierten Anforderungen des Kunden, die zeitlichen, budgetären und personellen Rahmenbedingungen des Projektes und ein möglichst vollständiges Umsetzungskonzept.

Ziel des Risikoprofils P3 ist es, alle zu erwartenden Risiken im Projekt zu erkennen und so mit Maßnahmen zu versehen, dass ein bindendes Angebot abgegeben werden kann. Werden für ein Risiko Maßnahmen festgelegt, so müssen diese in der Angebotskalkulation berücksichtigt werden. Kann ein Risiko nicht durch Maßnahmen auf einen sinnvollen Wert reduziert werden, so muss dies im Angebot explizit angeführt werden.

**Beispiele für das Zusammenspiel Risikomanagement und Angebotserstellung:**

- Im Risikoassessment wird erkannt, dass die Performanceanforderungen an das neue System sehr hoch sind. Im Angebot kann dies in der Preiskalkulation durch eine zusätzliche Angebotsposition für erweiterte Performancetests und Performancetuning berücksichtigt werden.
- Es wurde erkannt, dass die Ansprechpartner auf Kundenseite noch nie an einem Softwareprojekt beteiligt waren und sehr wenig Zeit für das Projekt haben. Dies wird im Angebot in den „Zusätzlichen Vertragsbedingungen" berücksichtigt, indem explizit festgehalten wird, dass Aufwände durch vom Kunden verursachte Verzögerungen und höhere Kommunikationsaufwände zu Lasten des Kunden gehen.
- U.s.w.

Die Checkliste für die Angebotserstellung beinhaltet sämtliche Punkte aus P2 und zusätzlich noch Risiken, die sich aus dem Umsetzungskonzept ergeben. Dies sind im Wesentlichen Risiken in den Bereichen „Softwaredesign", „Programmierung", „Wiederverwendung und Fremdkomponenten" und „Qualitätssicherung". Sie stammen aus der Risk Taxonomy von Carr et al. [9] sowie aus der Erfahrung des Autors und den Ergebnissen der Fallstudie. Als Beispiel stellt Tabelle 10 die Risiken aus dem Bereich „Design" dar:

| Risiko | Beschreibung |
|---|---|
| **Bereich „Design"** | |
| **Das gewählte Design deckt die Anforderungen nicht vollständig ab oder ist nur sehr grob.** | Manche Anforderungen sind noch nicht im Design berücksichtigt. Das Design ist nur sehr grob ausgearbeitet. |

| | |
|---|---|
| **Die Annahmen, auf denen das Design beruht, sind zu optimistisch oder unrealistisch.** | Nur im besten Fall, wenn keine Probleme auftreten, kann das Design umgesetzt werden. Die Annahmen sind nicht durch Prototypen u.Ä. abgesichert. |
| **Die Performance des Systems basierend auf dem aktuellen Design ist nicht ausreichend.** | Die Performance (Antwortzeiten, Abfragezeiten, Ladezeiten, grafische Darstellung, ...) entspricht nicht den Anforderungen. |
| **Das System ist schwierig zu testen.** | Im aktuellen Design ist Testbarkeit zu wenig berücksichtigt, dadurch ist die Qualitätssicherung (automatisiert und / oder manuell) sehr schwierig. |
| **Die Tester wurden beim Softwaredesign nicht involviert.** | Bei Planung und Konzeption der Software wurden die Anforderungen aus Qualitätssicherungssicht nicht berücksichtigt, daher sind Qualitätssicherungsmaßnahmen schwierig. |
| **Die Hardware beschränkt die Performance des Systems.** | Die zu verwendende Hardware schränkt die Performance des Systems durch Grenzen an RAM, Festplattenplatz, Leitungskapazitäten etc. ein. |

Tabelle 10 - Auszug aus der Checkliste bei Konzept- und Angebotserstellung (P3)

Neben den in der Checkliste vorgegebenen Standardrisiken für Softwareprojekte können in dieser Phase auch in der Checkliste nicht enthaltene projektindividuelle Risiken ergänzt werden, die sich aus den fachlichen, technischen und organisatorischen Bedingungen im konkreten Projekt ergeben.

### 3.5.4 U: Vollständiges Risikoprofil für Risiko Monitoring

Bei Start der Umsetzung wird im Zuge der Projektplanung das detaillierte Risikoprofil aus der Vorprojektphase (P3) in einem Risikoassessment überprüft und ergänzt. Die festgelegten Maßnahmen zur Risikoprävention werden ins normale Projektaufgabenmanagement übernommen. Alle wesentlichen Risiken und

Maßnahmen werden mit dem gesamten Projektteam besprochen. Ziel dieses Schrittes ist es, dass das gesamte Projektteam alle Risiken kennt und von Beginn der Umsetzung an darauf achtet.

Während der Umsetzung führt der Projektleiter regelmäßig Risikoassessments durch. In deren Rahmen wird geprüft, ob sich im Zuge der Umsetzung neue Risiken ergeben haben, ob sich bestehende Risiken in ihrer Bewertung verändert haben oder weggefallen sind. Des Weiteren prüft der Projektleiter den Status der Maßnahmenumsetzung. Dies kann entweder in den Risikoassessments erfolgen oder als Teil des normalen Projektaufgabencontrollings. Ziel dieses laufenden Risiko Monitorings ist es, neue Risiken rechtzeitig zu erkennen und Maßnahmen korrekt umzusetzen.

Die Checklisten für die Umsetzungsphase basieren auf den Checklisten für P3, erweitert um den Bereich „Produktivsetzung". Des Weiteren werden Risiken in der Projektleitung im Bereich „Vorgehensmodell und Methoden" wesentlich präziser behandelt. Sowohl für den Projektstart, als auch für das laufende Risiko Monitoring werden dieselben Checklisten verwendet. Quelle für die neuen Risikopunkte ist zum einen die Risk Taxonomy von Carr et al. [9], zum anderen die Erfahrung des Autors und die Ergebnisse der Fallstudie. Als Beispiel stellt Tabelle 11 die Risiken aus dem Bereich „Vorgehensmodell und Methoden" dar:

| Risiko | Beschreibung |
|---|---|
| **Bereich „Vorgehensmodell und Methoden"** | |
| **Das Projekt unterscheidet sich in Vorgehensmodell und Abwicklung deutlich von der beim Auftragnehmer gelebten Vorgehensweise.** | Das Vorgehensmodell des Auftragnehmers ist nicht geeignet, ein Projekt dieser Art erfolgreich abzuwickeln (zu wenig Personal, Anforderungen können nicht behandelt werden, zu groß, …). |
| **Der Zeitrahmen für das Projekt ist sehr knapp.** | Die für die Umsetzung zur Verfügung stehende Zeit ist sehr knapp bemessen. Es ist wenig bis kein Puffer für Verzögerungen oder ungeplante Ereignisse eingeplant. |

| | |
|---|---|
| Das Projekt ist pauschal (Fixpreis) angeboten, das Budget ist sehr knapp bemessen. | Im Angebot muss eine Pauschalsumme angegeben werden, diese darf nur bei exakter Begründung der Abweichung von der ursprünglichen Spezifikation überschritten werden. Das Budget ist sehr knapp kalkuliert, es gibt keinen Puffer für Fehler. |
| Die Schätzungen stimmen nicht mit den tatsächlichen Aufwänden überein. | Die Aufwandsschätzungen sind zu optimistisch und können in der Umsetzung nicht eingehalten werden. |
| Die Projektplanung ist nicht ausreichend. | Es wurden wesentliche Bereiche der Planung (Zeitplanung, Funktionale Planung, Mitarbeiterplanung, ...) nicht oder nicht ausreichend durchgeführt und dokumentiert. |
| Die Zeitplanung ist zu optimistisch bzw. unvollständig. | Die Zeitangaben sind unrealistisch, es wurden keine Pufferzeiten geplant, es fehlen wichtige Teile (Stabilisierung, Endtest, Abnahme, Installation, Nachbearbeitung, ...) |
| Das Change Management ist nicht strukturiert und konsequent, Änderungen werden unstrukturiert und ungeplant abgewickelt. | Es gibt keinen definierten Change Management Prozess, Änderungen sind nicht nachvollziehbar, viele Änderungen gehen am Projektleiter vorbei, bei Änderungen wird die Projektplanung nicht aktualisiert. |
| Es wird kein ausreichendes Projektcontrolling durchgeführt, der Projektstatus ist oft unklar. | Probleme werden zu spät erkannt, da es kein strukturiertes Projektcontrolling gibt. Es werden keine Werkzeuge eingesetzt. |
| Das Arbeiten mit dem Aufgabenmanagementsystem ist nicht klar geregelt. | Es ist nicht klar definiert, wie Aufgaben einzutragen sind, wann eine Aufgabe als "fertig" bezeichnet werden darf, wer welche Daten eintragen muss (Planzeiten, ...) und wie Fehler einzutragen sind. |

Tabelle 11 - Auszug aus der Checkliste für die Umsetzungsphase (U)

Neben den in der Checkliste vorgegebenen Standardrisiken für Softwareprojekte können in dieser Phase auch in der Checkliste nicht enthaltene projektindividuelle Risiken ergänzt werden, die sich aus den fachlichen, technischen und organisatorischen Bedingungen im konkreten Projekt ergeben.

### 3.6 Abschluss des Projektes – Projektreview

In der Nachprojektphase werden keine Risikoassessments mehr durchgeführt. Den Abschluss eines Projektes und den letzten Schritt im Risikomanagement aus Projektsicht bildet ein Projektreview. Dieser dient vor allem der Verbesserung des Projekt- und auch des Risikomanagements.

#### 3.6.1 Zielsetzungen des Projektreviews

Die Ziele des Reviews sind:

- **Lernen für zukünftige Projekte:** Gemeinsam wird das im Projekt Gelernte analysiert. Methoden und Erfahrungen, die gut funktioniert haben, werden so aufbereitet, dass sie für zukünftige Projekte nicht nur in diesem Team, sondern auch für andere Teams im Unternehmen nutzbar sind.
- **Teambuilding:** Das Team lässt die gemeinsame Anstrengung und das im Projekt erreichte Revue passieren. Dadurch wird das Gefühl der Zusammengehörigkeit gestärkt und es wird allen bewusst, dass man trotz aller Schwierigkeiten etwas geschaffen hat, auf das man stolz sein kann.
- **Verbesserung des Risikomanagements:** Gemeinsam wird betrachtet, welche Risiken im Projekt aufgetreten sind, ob man in der Lage war, sie rechtzeitig zu erkennen und ob die getroffenen Maßnahmen erfolgreich waren (siehe „3.9 Laufende Verbesserung des Risikomanagements").
- **Schlusspunkt für das Projekt:** Erst wenn das Projekt auch emotional abgeschlossen ist, kann sich das Team neuen Zielen zuwenden. Der Projektreview bietet dafür einen formalen Rahmen.

Am Review nehmen alle Mitglieder des Projektteams teil. Geleitet werden sollte der Review-Workshop von einem projektfremden Moderator [5]. Der Review sollte am besten ca. zwei Wochen nach Start des Produktiveinsatzes der erstellten Software stattfinden. Zu diesem Zeitpunkt sind die ärgsten Probleme beim Einsatzstart bereits behoben und erstes Feedback vom Kunden und den Anwendern ist verfügbar.

Entscheidend für den Erfolg des Reviews ist, dass er vor allem die positiven Aspekte des Projektes hervorhebt. Der Moderator muss daher darauf achten, dass Schuldzuweisungen oder zu intensives Diskutieren über Probleme vermieden wird.

Im Folgenden wird ein möglicher Ablauf eines Projektreviews inklusive Vorbereitung und Dokumentation der Ergebnisse vorgestellt. Dieser Ablauf kombiniert Methoden von Kerth [22], Baaz et al. [36] und der Erfahrung des Autors. Wichtig ist auch hier die Anpassung an das konkrete Unternehmen und Projekt.

### 3.6.2 Vorbereitung des Reviews

Im Vorfeld organisiert der Projektleiter den Termin für den Projektreview und kümmert sich um einen externen Moderator. Dieser lädt dann die Teilnehmer ein. Die Einladung enthält die Ziele des Reviews und eine grobe Agenda. Softwareprojekte erstrecken sich oftmals über einen langen Zeitraum. Damit im Workshop konstruktiv gearbeitet werden kann, bittet der Moderator alle Teilnehmer sich als Vorbereitung den Projektablauf in Erinnerung zu rufen. Des Weiteren soll jedes Teammitglied ein Artefakt mitbringen, das aus seiner Sicht das Projekt repräsentiert (z.B. einen Projektplan, eine handschriftliche Notiz, eine Prozessskizze, aber auch Dinge wie eine leere Red-Bull aus der letzten durchgearbeiteten Nacht etc.).

Einen Teil des Reviews bildet eine kurze Darstellung des Projektes und des aktuellen Status durch den Projektleiter. Dazu bereitet dieser wesentliche Kennzahlen und Daten vor:

- **Überblick über aktuellen Status**
  - Projektstatus
  - Feedback Kunde und Anwender
  - Besondere Kennzahlen, auf die man stolz sein kann (Aufwand Soll / Ist, Lines-of-code, Anzahl Anwender, ...)
- **Ausblick auf die Zukunft**
  - Geplanter Einsatz beim Kunden und geplante Weiterentwicklungen
  - Geplantes weiteres Projekt im Unternehmen

Um im Workshop das Risikomanagement im Projekt beleuchten zu können, bereitet der Projektleiter eine Liste der Risiken und der dafür getroffenen Maßnahmen vor.

### 3.6.3 Ablauf des Review-Workshops

Der Review-Workshop dauert einen Nachmittag (ca. vier Stunden). In der Literatur werden z.T. wesentlich längere Dauern gefordert [22], dies ist aber in KMU oft wirtschaftlich nicht möglich.

Der Review-Workshop setzt sich aus folgenden Modulen und Übungen zusammen:

1. *Einleitung und Überblick:* Der Moderator begrüßt alle Teilnehmer und erklärt Ziele und Ablauf des Reviews.
2. *Zeitleiste erstellen:* In der Übung „Zeitleiste erstellen" soll gemeinsam der Ablauf des Projektes in Erinnerung gerufen werden. Dazu werden von jedem Teammitglied wesentliche Ereignisse auf Post-Its geschrieben und chronologisch an einem Flipchart angeordnet [22].
3. *Überblick Status Quo:* Der Projektleiter stellt kurz den aktuellen Stand des Projektes und einen Ausblick auf die Zukunft dar. Besonders wichtig ist das Feedback des Kunden und der Anwender.
4. *Lessons Learned:* Gemeinsam wird erarbeitet, was gut funktioniert hat, was schief gegangen ist und was man daraus für zukünftige Projekte übernehmen soll. Für das Finden und die Auswahl der Lessons Learned wird die Methode „4ALL" von Baaz et al. in leicht angepasster Form verwendet [36]. Diese Methode konzentriert sich eher auf das Finden von positiven Lessons, also Dingen, die gut funktioniert haben.
5. *Risiken beleuchten:* Es wird reflektiert, welche Risiken auftraten, ob diese rechtzeitig erkannt wurden und wie gut die getroffenen Maßnahmen funktioniert haben.
6. *Positives Feedback:* Alle Projektteammitglieder geben sich gegenseitig positives Feedback. Dadurch werden Stärken bekräftigt und die gegenseitige Wertschätzung im Team sichtbar.
7. *Abschluss:* Der Moderator schließt den Review Workshop und gibt einen Ausblick auf die nächsten Schritte. Er sucht Freiwillige für die Erstellung der Ergebnisdokumente.

Eine genaue Anleitung für die Durchführung der hier nur kurz umrissenen Module befindet sich im Anhang („11.2 Anleitung für Durchführung eines Projektreviews").

### 3.6.4 Dokumentation der Ergebnisse

Die Ergebnisse des Reviews werden auf mehrere Arten dokumentiert und verteilt:

1. **Erstellung eines Ergebnisdokumentes:** Die Dokumentation der Ergebnisse erfolgt schriftlich in einem Dokument. Das Dokument wird von einem Freiwilligen aus dem Projektteam erstellt. Das Dokument wird für das ganze Unternehmen zugänglich publiziert (z.B. im Intranet) und an alle Mitarbeiter im Unternehmen verschickt.

Das Ergebnisdokument beinhaltet die folgenden Bereiche [20]:

- Allgemeine Daten zum Workshop und Projekt (max. 1 Seite)
    - Projekt, Kunde, Projektlaufzeit
    - Kurze Beschreibung des Projektes (Größe, Kernziele, …)
    - Zusammenfassung Status quo des Projektes, Ausblick und Kennzahlen
    - Datum des Workshops
    - Teilnehmer
- Lessons Learned (Hauptteil, max. 2 Seiten)
    - Was muss in zukünftigen Projekten unbedingt übernommen werden?
    - Was darf in Zukunft nicht mehr passieren?
- Anhang
    - Zeitleiste und Artefakte (Foto)
    - Rohdaten für Lessons Learned (Foto)

2. *Präsentation der Ergebnisse im Unternehmen:* In einer kurzen Präsentation (max. 15 min) werden die wesentlichen Ergebnisse des Reviews allen Mitarbeitern im Unternehmen vorgestellt. Eine Präsentation ist deshalb sinnvoll, da für viele Menschen Inhalte besser greifbar und erinnerbar werden, wenn sie einmal gehört wurden. Die Präsentation beinhaltet folgende Punkte:

- Kurze Vorstellung des Projektes
- Lessons Learned
- Erfahrungen aus dem Risikomanagement

3. **Aushang der wichtigsten Lessons Learned an gut zugänglicher Stelle:**
Am besten prägen sich Dinge ein, die man immer wieder sieht. Aus diesem Grund werden die wesentlichen drei Erkenntnisse aus dem Projektreview an einer Stelle im Unternehmen aufgehängt, die jeder täglich aufsucht (z.B. an der Wand in der Kaffeeküche).

Die im Zuge des Projektreviews erfolgte Analyse, welche Risiken im Projekt auftraten, ob diese durch das Risikomanagement gefunden wurden und welche Maßnahmen mit welchem Erfolg durchgeführt wurden, ist ein wesentlicher Input für die laufende Verbesserung der Risikomanagement Checklisten, Prozesse und Maßnahmenvorschläge (siehe „3.9 Laufende Verbesserung des Risikomanagements").

### 3.7 Rollen im Risikomanagement

Im folgenden Abschnitt werden die Aufgaben des Risikomanagements zu Rollen zusammengefasst. In kleinen Unternehmen haben auch ohne Risikomanagement die meisten Mitarbeiter bereits mehrere Rollen auszufüllen. Es wurde daher versucht, möglichst wenig neue Rollen einzuführen, sondern die Aufgabenstellungen auf bereits im Unternehmen vorhandene Rollen, wie etwa Projektleiter, Vertriebsmitarbeiter etc. zu verteilen.

### 3.7.1 Risikomanager

Nyford und Kaiko-Mattson empfehlen, im Unternehmen eine eigene Gruppe einzurichten, die für die unternehmensweite Koordination des Risikomanagements verantwortlich ist [12]. In KMU Softwareunternehmen ist es aufgrund der geringeren Unternehmensgröße sinnvoller, diese Aufgaben zunächst bei einer Person, dem Risikomanager zu konzentrieren. Dieser Risikomanager ist für den unternehmensweiten, erfolgreichen Einsatz des Risikomanagements verantwortlich. Er koordiniert alle projektübergreifenden Themen zum Risikomanagement.

Die Aufgaben des Risikomanagers sind:

- Letztverantwortung für alle inhaltlichen und prozessbezogenen Themen im Bereich des Risikomanagements

- Sicherstellen, dass Risikomanagement eingesetzt wird
- Überwachung der Effektivität und Effizienz des Risikomanagements
- Schulung neuer Projektleiter und Vertriebsmitarbeitern
- Coaching der Projektleiter und Vertriebsmitarbeiter
- Anstoßen von Verbesserungen des Risikomanagements
- Ansprechpartner bei Problemen mit dem Risikomanagement
- Ansprechpartner für Feedback und Ideen im Bereich des Risikomanagements
- Moderation der Projekt Reviews
- Produktmanagement der Risikomanagement Werkzeuge

### 3.7.2 Projektleiter

Der Projektleiter ist für den erfolgreichen Einsatz des Risikomanagements in seinen Projekten verantwortlich [12].

Die Aufgaben des Projektleiters hierbei sind:

- Unterstützung des Vertriebs im Risikomanagement in der Vertriebsphase
- Maßnahmen für Risiken auswählen oder neu entwickeln
- Überwachung der Maßnahmenumsetzung
- Laufendes Risiko Monitoring im Projekt auf neue und geänderte Risiken
- Einsetzen der Risikomanagement Werkzeuge
- Ansetzen des Projekt Reviews
- Beratung des Risikomanagers (Feedback zu Prozessen und Inhalten)

### 3.7.3 Vertriebsmitarbeiter

Der Vertrieb ist für den erfolgreichen Einsatz des Risikomanagements in der Vertriebsphase verantwortlich.

Aufgaben des Vertriebs im Risikomanagement sind:

- Durchführen des Risikomanagements während der Vertriebsphase
- Anfordern von Unterstützung durch Entwickler oder Projektleiter
- Maßnahmen zur Risikominderung oder Abwehr in der Vertriebsphase auswählen, entwickeln und durchführen
- Übergabe des Risikomanagements an die Projektleitung für die Umsetzung

### 3.7.4 Projektteammitglied

Die Mitglieder im Projektteam sind gemeinsam mit dem Projektleiter während der Umsetzungsphase für die Durchführung des Risikomanagements und die Ausführung der Maßnahmen verantwortlich [12]. Jedes Teammitglied ist dafür verantwortlich, den Projektleiter auf neu auftretende Risiken oder Probleme bei der Maßnahmenumsetzung aktiv hinzuweisen.

Aufgaben der Projektteammitglieder sind:

- Aktives Hinweisen des Projektleiters auf neue und geänderte Risiken
- Aktives Hinweisen des Projektleiters auf Probleme bei der Maßnahmenumsetzung
- Unterstützung von Vertrieb und Projektleiter bei Risikoanalyse und Maßnahmenentwicklung
- Durchführung der zugeteilten Maßnahmen


Nachdem nun Ablauf, Artefakte und Rollen der Risikomanagement Methode beschrieben wurden, wird im nächsten Abschnitt eine mögliche Vorgehensweise zur Einführung von Risikomanagement in einem KMU beschrieben.

### 3.8  Einführung des Risikomanagements

### 3.8.1  Überblick über die Vorgehensweise für die Einführung

Die Einführung von Risikomanagement in einem KMU kann gemäß folgendem grundsätzlichen Ablauf durchgeführt werden (siehe Abbildung 18):

Abbildung 18 - Übersicht Einführung von Risikomanagement in einem KMU

Die Einführung des Risikomanagements ist als Veränderungsprojekt zu sehen, da im Unternehmen die Art, wie Projekte umgesetzt werden und die Einstellung aller Mitarbeiter zum Thema Risiko geändert wird (siehe „2.3.1 Risikomanagement und Organisationsentwicklung"). Veränderungen sind für die meisten Menschen sehr schwierig und werden mit Skepsis betrachtet [37]. Oftmals stoßen Veränderungen

---

auf Widerstand der Betroffenen, an diesen Widerständen scheitern dann auch viele Veränderungsprojekte. Die Ursachen für Widerstände und Probleme sind vor allem:

- **Angst der Betroffenen vor negativen Auswirkungen** (Machtverlust, Verlust des Arbeitsplatzes, Verschlechterung der Arbeitssituation, etc.)
- **Unsicherheit und Unwissenheit** (Unsicherheit wird mit Ahnungen und Befürchtungen gefüllt, die wiederum Angst erzeugen)
- **Schlechte Einbeziehung in den Veränderungsprozess** (Eigene Ideen werden zu wenig berücksichtigt, die Betroffenen fühlen sich übergangen, fremde Ideen werden grundsätzlich mit Skepsis betrachtet)
- **Schlechte Erfahrungen aus früheren Änderungsprojekten**

Um diese Risiken für die Einführung erfolgreich zu meistern und Risikomanagement nachhaltig im Unternehmen zu verankern, müssen bei der Einführung vor allem soziale Aspekte und Kommunikation sehr intensiv geplant, gesteuert und überwacht werden. Die hier dargestellte Vorgehensweise integriert daher die „Eight Steps to Transforming Your Organization" von Kotter [38]:

1. Gefühl der Dringlichkeit erzeugen
2. Führungskoalition bilden
3. Vision und Strategie entwickeln
4. Vision des Wandels kommunizieren
5. Hindernisse beseitigen und Mut zu neuen Ideen fördern
6. Kurzfristige Ziele und Gewinne ins Auge fassen
7. Erfolge konsolidieren und weitere Veränderungen ableiten
8. Neue Ansätze in der Unternehmenskultur verankern

Für weiterführende Informationen zu Veränderungsprozessen siehe die Arbeiten von Kotter [38], Streich [37], Kübler-Ross [39] und Connor [40].

### 3.8.2 Start der Einführung

Die Einführung startet damit, dass der Geschäftsführung die Notwendigkeit und Dringlichkeit von Risikomanagement bewusst gemacht wird und mögliche Handlungsoptionen aufgezeigt werden (Step 1 von Kotter).

Ist die Geschäftsführung für das Thema gewonnen, gilt es, ein Team für das Einführungsprojekt zusammenzustellen (Step 2 von Kotter). Dieses besteht im Idealfall aus dem zukünftigen Risikomanager, der auch das Einführungsprojekt leitet, einem Mitglied der Geschäftsführung, einem Vertreter der Vertriebsabteilung und einem erfahrenen Projektleiter als Vertreter der Anwender von Risikomanagement.

Gemeinsam entwickelt dieses Führungsteam eine Vision für das Risikomanagement im Unternehmen (Step 3 von Kotter). Diese Vision sollte kurz und prägnant aussagen, was unter Risikomanagement verstanden wird, was die wesentlichen Grundprinzipien sind und was der Nutzen für das Unternehmen ist.

**Beispiel für ein Vision-Statement für Risikomanagement in einem Unternehmen:**

*„In unseren Projekten werden Risiken vom Projektleiter aktiv überwacht und behandelt. Die dazu verwendeten Prozesse, Werkzeuge und Methoden sind einfach und mit wenig Aufwand anzuwenden. Über Reviews wird das Risikomanagement laufend verbessert. Dadurch erkennen wir Probleme früher, können viele davon vermeiden oder zumindest in ihren Auswirkungen abfedern."*

### 3.8.3 Erstellung Einführungskonzept

Als nächsten Schritt wird ein Einführungskonzept erstellt. Ein Beispiel dafür ist in Anhang enthalten (siehe „11.3 Konzeptdokument für Einführung Risikomanagement (Projektauftrag)").

Das Konzept umfasst zumindest folgende Punkte [41]:

1. *Vision für Risikomanagement im Unternehmen*
2. *Nutzen durch den Einsatz von Risikomanagement* (zumindest für die Projektleiter als Anwender, für die Kunden und für das Unternehmen insgesamt)
3. *Führungsteam* und Aufgabenverteilung
4. *Umsetzungsstrategie* (Grundprinzipien für das Risikomanagement, grobe Schritte zur Einführung und Kommunikationsstrategie)
5. *Rollen und Aufgaben im Risikomanagement* (im Einsatz, nicht im Einführungsprojekt)

6. **Kennzahlen für das Monitoring**
7. **Mögliche Hindernisse bei der Einführung** (hier wird für das Einführungsprojekt selbst ein einfaches Risikoassessment durchgeführt)
8. **Mögliche Nachteile durch den Einsatz von Risikomanagement** (um für mögliche Widerstände vorbereitet zu sein)

Das fertige Konzeptdokument wird von der Geschäftsführung abgezeichnet und dient als formaler Projektauftrag für das Einführungsprojekt. Das Konzept wird in einer kurzen Präsentation allen Mitarbeitern vorgestellt (Step 4 von Kotter).

### 3.8.4 Anpassung der Methode an das Unternehmen
Ist das Einführungskonzept fertig, kann mit der Anpassung der Risikomanagement Methode an das Unternehmen begonnen werden.

### 3.8.4.1 Anpassung des Risikomanagement Prozesses
Da in jedem Unternehmen Projekte anders abgewickelt werden, muss der Risikomanagement Prozess angepasst werden. Dies umfasst vor allem die Beantwortung der folgenden Fragen:

- Welche Schritte des Prozesses werden verwendet?
- Welche Schritte sind für alle Projekte verpflichtend, welche können auch weggelassen werden?
- Wer darf entscheiden, ob ein Schritt weggelassen wird?
- Ist der Einsatz von Risikomanagement für alle Projekte verpflichtend? Wenn nein, für welche nicht?
- Führt der Projektleiter die Risikoassessments alleine durch? Wenn nein, wer nimmt noch Teil?

All diese Punkt sind in einem Risikomanagement Handbuch zu dokumentieren. Sie sollten im laufenden Betrieb regelmäßig überprüft und ggf. an geänderte Bedingungen im Unternehmen angepasst werden.

### 3.8.4.2 Anpassung der Checklisten

Die in dieser Arbeit enthaltenen Checklisten (siehe „11.1 Checklisten für die einzelnen Prozessschritte") stellen einen Startpunkt für die Verwendung in einem konkreten Unternehmen dar. Im Zuge der Einführungsvorbereitung müssen sie geprüft und ggf. Fragen ergänzt, angepasst oder gestrichen werden. Dies sollte am besten vom Einführungsteam gemeinsam durchgeführt werden. Wichtig ist auch die Überarbeitung der Beschreibungstexte, da diese den Projektleitern helfen sollen, das jeweilige Risiko mit ihrer konkreten Projektwirklichkeit im Unternehmen zu vergleichen.

Bei der Anpassung der Checklisten ist darauf zu achten, dass die Grundidee der spezifischen Listen für die einzelnen Phasen nicht missachtet wird, indem beispielsweise die Checkliste für den Erstkontakt unverhältnismäßig viele Fragen enthält oder in der Checkliste für die Angebotserstellung wichtige Punkte gestrichen werden, nur um etwas Zeit für das Ausfüllen zu sparen. Die Erfahrung zeigt, dass eher die Gefahr besteht, zu viele Fragen in die Checklisten hineinzupacken.

Sind die Checklisten und der grundlegende Prozess angepasst, geht es an die Justierung der Parameter für die einzelnen Teilschritte.

### 3.8.4.3 Kalibrierung der Risikowertberechnung

Der Risikowert eines Risikos berechnet sich im einfachsten Fall durch Multiplikation von Eintrittswahrscheinlichkeit mal möglichem Schaden (siehe „2.1.4.2 Risikoanalyse und Risikobewertung"). Dies führt jedoch dazu, dass ein Risiko mit hohem Schaden, aber geringer Wahrscheinlichkeit denselben Wert erhält, wie ein geringes Risiko mit hoher Eintrittswahrscheinlichkeit. Für ein Unternehmen sind die beiden Risiken jedoch sehr unterschiedlich in ihrer Wertigkeit. Aus Aufwandsgründen wird man das Risiko mit dem geringen Schaden oft ohne Maßnahmen eingehen, wohingegen man sich gegen das Risiko mit hohem Schaden trotz der geringen Eintrittswahrscheinlichkeit bestmöglich absichern wird.

Um dieses Ungleichheit in der Wertigkeit von Risiken auch in der Risikoanalyse im Unternehmen abbilden zu können, ist eine Kalibrierung der Risikowerte abhängig von Eintrittswahrscheinlichkeit und Schaden notwendig. Das bedeutet, dass für manche Risiken der Risikowert nicht durch einfache Multiplikation zustande kommt, sondern bei höherem Schaden fix auf einen höheren oder niedrigeren Wert festgelegt wird.

Der Risikowert in Abhängigkeit von Eintrittswahrscheinlichkeit und Schaden kann in einer Risikowertmatrix dargestellt werden. Abbildung 19 zeigt den Risikowert berechnet nach der einfachen Risikoformel, die Wertebereiche für Schaden, Wahrscheinlichkeit und Risikowert sind in „2.1.4.2 Risikoanalyse und Risikobewertung" beschrieben:

| Referenz | Praktisch unmöglich (0%) | Sehr unwahrscheinlich (20%) | Eher unwahrscheinlich (40%) | Eher wahrscheinlich (60%) | Sehr wahrscheinlich (80%) | Praktisch sicher (100%) |
|---|---|---|---|---|---|---|
| Kein Schaden | 0 | 0 | 0 | 0 | 0 | 0 |
| Minimaler Schaden | 0 | 0 | 0 | 1 | 1 | 1 |
| Geringer Schaden | 0 | 0 | 1 | 1 | 2 | 2 |
| Merklicher Schaden | 0 | 1 | 1 | 2 | 3 | 3 |
| Hoher Schaden | 0 | 1 | 2 | 3 | 4 | 4 |
| Sehr hoher Schaden | 0 | 1 | 2 | 3 | 4 | 5 |

Abbildung 19 - Risikowert abhängig von Eintrittswahrscheinlichkeit und Schaden, errechnet durch einfache Multiplikation

Abbildung 20 zeigt nun eine angepasste Risikomatrix, in der die Risikowerte für alle Risiken mit hohem oder sehr hohem Schaden fix höher angesetzt wurden.

| Unternehmen | Praktisch unmöglich (0%) | Sehr unwahrscheinlich (20%) | Eher unwahrscheinlich (40%) | Eher wahrscheinlich (60%) | Sehr wahrscheinlich (80%) | Praktisch sicher (100%) |
|---|---|---|---|---|---|---|
| Kein Schaden | 0 | 0 | 0 | 0 | 0 | 0 |
| Minimaler Schaden | 0 | 0 | 1 | 2 | 2 | 2 |
| Geringer Schaden | 0 | 1 | 2 | 2 | 3 | 4 |
| Merklicher Schaden | 1 | 2 | 3 | 4 | 5 | 5 |
| Hoher Schaden | 3 | 3 | 4 | 5 | 5 | 5 |
| Sehr hoher Schaden | 3 | 4 | 5 | 5 | 5 | 5 |

Abbildung 20 – Angepasste Risikowertmatrix mit fixen höheren Risikowerten für Risiken mit hohen und sehr hohen Schadenswerten

In jedem Unternehmen muss individuell festgelegt werden, ob von der Standardmatrix abgewichen werden soll oder nicht. Entsprechend muss dies in den verwendeten Werkzeugen abgebildet werden. Die Kalibrierung sollte dabei nicht hardcodiert werden, da im produktiven Einsatz oft noch Justierungen vorgenommen werden müssen.

### 3.8.4.4 Festlegen von Parametern für das Risikomanagement

Für den Einsatz der Methoden im Risikomanagement müssen des Weiteren vorab folgende Parameter festgelegt werden:

1. **Richtlinien für Skalenwerte:** Es muss festgelegt werden, was im Unternehmen unter „Geringer Schaden", „Mittlerer Schaden" bis „Sehr hoher Schaden" zu verstehen ist. Dies ist für alle Skalenwerte (also Risikowert, möglicher Schaden und Eintrittswahrscheinlichkeit, siehe „2.1.4.2 Risikoanalyse und Risikobewertung") festzulegen. Als Beispiel zeigt Tabelle 12 die Festlegung der Skalenwerte für die Schadensbewertung von Risiken.

| Skalenwert | Beschreibung |
|---|---|
| **Kein Schaden** | • Keine merkbaren Auswirkungen |
| **Minimaler Schaden** | • Kaum Auswirkungen auf Projektertrag<br>• Geringe Verschiebungen von Budget (Aufwand) und Zeit<br>• Keine oder kaum merkbare Auswirkungen für den Kunden |
| **Geringer Schaden** | • Projektertrag wird geschmälert<br>• Kunde ist zumindest kurzfristig irritiert und verunsichert, beginnende Unzufriedenheit ist erkennbar<br>• Überschreitungen von Budget (Aufwand) und Zeit sind wahrscheinlich, der Kunde kann dies aber akzeptieren |
| **Merklicher Schaden** | • Projekt wirft keinen oder nur geringen Ertrag ab, aber noch keinen Verlust<br>• Für Kunde und Unternehmen merkbare Überschreitung von Budget (Aufwand) und Zeit<br>• Kunde ist unzufrieden mit Projektablauf (Prozess) oder dem gelieferten Produkt |

| Hoher Schaden | • Schaden braucht nicht nur Projektertrag auf, sondern geht darüber hinaus (Unternehmen macht Verlust mit dem Projekt)<br>• Noch keine direkten Schadenswirkungen über das Projekt hinaus |
|---|---|
| Sehr hoher Schaden | • Schaden braucht nicht nur Projektertrag auf, sondern geht deutlich darüber hinaus (Unternehmen macht Verlust mit dem Projekt)<br>• Kunde bricht Geschäftsbeziehungen ab<br>• Kunde klagt vor Gericht<br>• Kunde bezahlt nicht und müsste eigentlich geklagt werden |

Tabelle 12 - Festlegung der Bedeutung der Skalenwerte am Beispiel der Schadensskala

Ziel ist es, über alle Projekte und alle Projektleiter hinweg eine einheitliche Basis für Bewertung und Reporting zu haben.

2. **Schwellenwert für verpflichtende Maßnahmenerfassung:** Aus kaufmännischer Sicht ist es nicht sinnvoll, für alle Risiken Maßnahmen festzulegen (siehe „2.1.4.3 Risikoplanung und Maßnahmenentwicklung"). Es ist daher zielführend, eine Schwelle für den Risikowert festzulegen, ab der verpflichtend Maßnahmen entwickelt werden müssen. Für Risiken unter diesem Wert sind Maßnahmen optional. Ein Beispiel wäre, dass für alle Risiken mit einem Risikowert von 3 („Merkliches Risiko") und höher immer Maßnahmen zu erfassen sind.

### 3.8.4.5 Erstellen von Vorschlägen für Maßnahmen für Risiken

Um die Projektleiter von Beginn an bestmöglich zu unterstützen, wird die Datenbank des Risikomanagement Werkzeugs im Zuge der Einführungsvorbereitung mit Maßnahmenvorschlägen für möglichst alle Risiken vorbefüllt.

Diese Maßnahmenvorschläge dienen als Ideensammlung und Wissensbasis für das Risikomanagement und stellen sicher, dass Projektleiter auf vorhandene Erfahrungen aus anderen Projekten zugreifen können. Die initiale Befüllung der Vorschlagsliste sorgt dafür, dass die Projektleiter von Beginn an Nutzen aus dem

Einsatz von Risikomanagement schöpfen, was die Akzeptanz steigert. Im laufenden Einsatz werden die Maßnahmenvorschlagslisten dann sukzessive mit den in den Projekten erarbeiteten Maßnahmen weiter aufgefüllt. Dies kann automatisiert oder manuell erfolgen (siehe „3.9 Laufende Verbesserung des Risikomanagements").

### 3.8.4.6 Festlegen von Kennzahlen zur Messung des Risikomanagements

Ob das Risikomanagement effektiv und effizient eingesetzt wird, muss vor allem in der ersten Zeit (zumindest im ersten Jahr nach dem Einsatzstart) genau verfolgt werden. Es wird dazu bereits vorab ein Kennzahlensystem erstellt, mit dem die Effektivität und Effizienz des Risikomanagements gemessen werden kann.

Folgende Kennzahlen könnten darin enthalten sein:

- *Kennzahlen zur Kontrolle der Nutzung*
  - Anteil Projekte, in denen Risikomanagement eingesetzt wird
  - Anzahl unterschiedlicher Personen, die Risikomanagement einsetzen
  - Anteil Projekte, in denen alle Risikomanagement Schritte absolviert werden
- *Kennzahlen zur Messung der Effektivität*
  - Anzahl von getroffenen Maßnahmen pro Projekt
  - Anzahl ans Projekt angepasster Fragen und Maßnahmen
  - Je Risikomanagement Schritt: Anzahl der Projekte, in denen er absolviert wurde
  - Schriftliche Beurteilung des Risikomanagements durch Kunden (Schulnotenskala)
  - Abweichung zwischen Risikoprofil am Beginn des Projektes und am Ende des Projektes (Risikoabschätzung im Projektreview nochmals durchführen)
  - Anteil Projekte, die In-Time und In-Budget umgesetzt werden
- *Kennzahlen zur Messung der Effizienz*
  - Aufwand für Durchführung Risikoassessments je Projekt

Welche Kennzahlen im Unternehmen tatsächlich überwacht werden, ist stark von den zur Verfügung stehenden Basisdaten abhängig. Die Auswahlentscheidung trifft das Einführungsteam.

### 3.8.5 Erstellung eines Werkzeugprototypen

Sind Checklisten und Prozesse angepasst, muss nun der Werkzeugprototyp für die Pilotprojekte vorbereitet werden. Um mit diesem die Checklisten validieren zu können, sollte in der Pilotphase ein einfaches Werkzeug, z.B. ein relationales Datenbankwerkzeug, verwendet werden. Ein Tabellenkalkulationsprogramm eignet sich zwar gut zur Abbildung der Checklisten, allerdings sind für die Validierung der kompletten Risikomanagement Funktionen auch Relationen notwendig, beispielsweise um Maßnahmen zu Risiken abbilden zu können. In einer relationalen Datenbanksoftware können oft auch sehr leicht Berichte erstellt werden, die unterschiedliche Sichten auf die erfassten Risiken erlauben. Wichtig ist, dass der Werkzeugprototyp leicht angepasst werden kann und alle Funktionen des produktiven Werkzeugs beinhaltet (wenn auch manche Aufgaben noch unhandlich zu bedienen sein können).

Der in der Fallstudie verwendete Prototyp ist vollständig in einem Datenbankwerkzeug umgesetzt, eine Beschreibung befindet sich in Kapitel „4.3 Risk Profiler".

### 3.8.6 Vorbereitung und Durchführung Pilotprojekte

Ist auch der Werkzeugprototyp für den Einsatz bereit, kann mit der Vorbereitung der Pilotprojekte begonnen werden.

### 3.8.6.1 Zielsetzung, Auswahl und Vorbereitung

Die Durchführung von Pilotprojekten hat das Ziel, in einer kontrollierten Umgebung Erfahrungen in der Anwendung der angepassten Methoden zu sammeln und diese Erfahrungen als Feedback in die Checklisten, Prozesse und Werkzeuge einfließen zu lassen. Abbildung 21 zeigt den Ablauf der Pilotprojektphase:

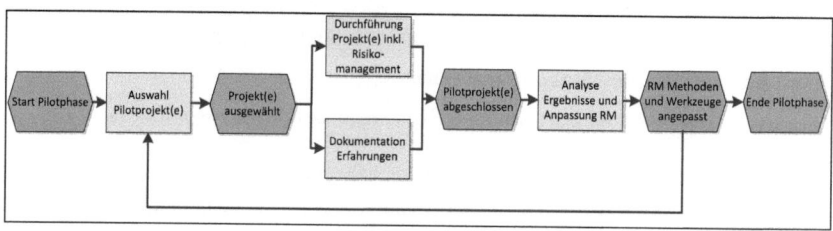

Abbildung 21 - Ablauf der Pilotprojektphase bei der Einführung von Risikomanagement

Wenn möglich, sollten mehrere Pilotprojekte und Feedbackschleifen durchgeführt werden. Als Pilotprojekt eignen sich Projekte mit folgenden Eigenschaften:

- **Das Projekt steht am Beginn des Vertriebsprozesse** (im Idealfall hat erst ein kurzer Erstkontakt mit dem Kunden stattgefunden, so können alle Risikomanagement Schritte evaluiert werden)
- **Relativ kurze Umsetzungszeit** (zwei bis drei Monate)
- **Kleines Projektteam** (maximal fünf Personen)
- **Mittleres Risiko** (risikolose wie auch hochriskante Projekte sind für die Erprobung der Methoden nicht geeignet)

Ist zum Zeitpunkt der Einführung kein einzelnes, geeignetes Projekt verfügbar, bei dem in kurzer Zeit alle Risikomanagement Schritte durchgeführt werden können, so kann die Evaluierung auch auf mehrere Projekte aufgeteilt werden, sodass beispielsweise in einem Projekt der Vertriebsteil durchgeführt wird, während gleichzeitig in einem anderen, weiter vorangeschrittenen Projekt der Umsetzungs- und Reviewteil durchgeführt wird.

Sehr wichtig ist auch die Auswahl eines geeigneten Projektleiters. Dieser sollte viel Erfahrung in der Umsetzung von Projekten haben und dem Thema Risikomanagement positiv gegenüberstehen. Am einfachsten ist es, wenn der Projektleiter für das Pilotprojekt zugleich der Vertreter der Projektleitersicht im Einführungsteam ist (siehe „3.8.2 Start der Einführung").

Vor Beginn der Pilotprojekte werden die beteiligten Projektleiter intensiv geschult. Die Risikoassessments während der Pilotprojekte werden immer von einem Coach, z.B. dem zukünftigen Risikomanager, begleitet, daher ist eine gemeinsame Zeitplanung vorab sehr wichtig.

### 3.8.6.2 Durchführung der Pilotprojekte

Die Durchführung der Risikomanagement Aktivitäten in den Pilotprojekten erfolgt in enger Zusammenarbeit zwischen dem Einführungsteam und dem Projektleiter. Sämtliche Risikoassessments werden zumindest von zwei Personen, dem Projektleiter und einem Coach, durchgeführt. Bei allen Tätigkeiten wird der zuvor erstellte Werkzeugprototyp eingesetzt.

Ziel dieser Phase ist es, Erfahrungen zu sammeln um im Anschluss folgende Punkte analysieren zu können:

- Wie lange dauern die Risikoassessments in den Projektphasen?
- Sind die Checklisten ausreichend genau? Sind sie zu umfangreich?
- Sind die Fragetexte und Beschreibungen klar genug, um die einzelnen Fragen gut gegeneinander abgrenzen zu können?
- Passt die Aufteilung in die beschriebenen Prozessschritte im Unternehmen?
- Ist der Funktionsumfang des Werkzeuges ausreichend? Was muss angepasst werden?

Während der Umsetzung protokolliert der Coach den Ablauf und Erkenntnisse der Risikoassessments. Wichtig ist eine exakte Zeitaufzeichnung.

### 3.8.6.3 Analyse und Anpassung der Checklisten und Prozesse

Nach der Durchführung jedes Pilotprojektes werden die gewonnenen Erkenntnisse analysiert und die Checklisten, Richtlinien, Prozessbeschreibungen und Parameter für das Risikomanagement angepasst. Dieser Schritt sollte vom ganzen Einführungsteam gemeinsam durchgeführt werden, ebenso wie die Entscheidung, ob noch weitere Pilotprojektzyklen durchgeführt werden sollen.

Ergebnis der Pilotprojektphase sind fertige Checklisten, fertig skizzierte Prozesse, grob dokumentierte Richtlinien und Parameter, sowie eine Spezifikation der produktiven Risikomanagement Werkzeuge bestehend aus dem Prototypen und Notizen dazu.

### 3.8.7 Implementierung produktive Werkzeuge

Im Anschluss an die Pilotprojektphase kann mit der Implementierung der produktiven Risikomanagement Werkzeuge begonnen werden. Wie diese aussehen, richtet sich nach den Rahmenbedingungen der Informationsinfrastruktur im Unternehmen. Im Idealfall kann das Risikomanagement vollständig mit den bestehenden Projektmanagement Werkzeugen abgedeckt oder zumindest nahtlos in diese integriert werden. Wo dies nicht möglich ist, muss neue Software angeschafft oder selbst entwickelt werden. Die Basis für die Umsetzung ist die in der Vorbereitungs- und Pilotphase erarbeitete Werkzeugspezifikation. Wichtig ist, dass möglichst alle

Bereiche des Risikomanagements, also Projektabwicklung, Reporting, Einsatz-Monitoring etc. durch geeignete Werkzeuge optimal unterstützt und manuelle Datensammlung, -analyse etc. weitestgehend vermieden werden.

### 3.8.8 Einsatzvorbereitung

Sind die produktiven Werkzeuge vorhanden, kann mit der Einsatzvorbereitung begonnen werden. Die Einsatzvorbereitungsphase dient dazu, alle betroffenen Anwender und die benötigten Systeme bereit für den Start zu machen. Diese Phase beginnt am besten mit einer Präsentation für das ganze Unternehmen, in der kurz die erarbeiteten Prozesse, Werkzeuge und die weitere Vorgehensweise vorgestellt werden. Im Anschluss daran sind folgende weiteren Tätigkeiten durchzuführen:

- *Produktivsetzung Werkzeuge:* Die erstellten Softwarewerkzeuge für das Risikomanagement werden auf den produktiven Servern installiert und betriebsbereit gemacht (initiale Datenbeladung, Anlegen von Benutzern, etc.). Die Supportmannschaft wird in Wartung und Betrieb der Werkzeuge geschult.
- *Vorbereitung Monitoring:* Es werden Berichte erstellt und produktivgesetzt, die die Überwachung der Verwendung der Risikomanagement Werkzeuge ermöglichen (siehe „3.8.4.6 Festlegen von Kennzahlen zur Messung des Risikomanagements")
- *Erstellung Risikomanagement Handbuch:* Es wird ein Handbuch als Nachschlagewerk und Schulungsunterlage für neue Projektleiter erstellt, in dem sämtliche Aspekte des Risikomanagements im Unternehmen beschrieben werden. Eine mögliche Gliederung ist im Kapitel „4.2 Risikomanagement Process Guide" beschrieben. Das Handbuch kann als Textdokument (einfach zu drucken) oder als Hypertext basierter Process Guide (einfach in der Handhabung) ausgeführt werden.
- *Schulung der Projektleiter:* Sämtliche Projektleiter werden in der Risikomanagement Methode und der Bedienung der Werkzeuge geschult.

Den Abschluss der Vorbereitung bildet eine Abnahme sämtlicher Werkzeuge, Dokumente und Prozesse durch das Einführungsteam und die Geschäftsführung.

### 3.8.9 Produktiveinsatz und Monitoring

Nach der Einführungsphase wird das Risikomanagement in allen Projekten eingesetzt. Im ersten Jahr des Einsatzes muss besonders intensiv überwacht werden, ob die Werkzeuge und Methoden auch richtig verwendet werden und die gewünschten Effekte erzielen. Hierzu sind eine laufende Überwachung und gegebenenfalls ein Eingreifen durch den Risikomanager notwendig. Zur Überwachung verwendet er die in der Einsatzvorbereitung erstellten Berichte. Mit diesen kann er die definierten Kennzahlen für Effizienz und Effektivität des Risikomanagements verfolgen. Die Prozesse, Werkzeuge und Checklisten werden in dieser ersten Zeit optimiert.

### 3.9 Laufende Verbesserung des Risikomanagements

Ein wesentlicher Aspekt der hier entwickelten Methode ist die kontinuierliche Verbesserung im laufenden Betrieb. Die Prozesse, Werkzeuge und Inhalte bleiben also nicht starr, sondern werden laufend optimiert und angepasst.

In Abbildung 22 (nächste Seite) ist dargestellt, wie die Methodenebene und die Anwendungsebene für Einsatz und Verbesserung des Risikomanagements zusammenwirken. Die in der Methodenebene definierten Vorgehensweisen, Checklisten und Werkzeuge werden in der Anwendungsebene in konkreten Projekten eingesetzt. Die Checklisten der Methodenebene entsprechen dabei Vorlagen, die in der Anwendungsebene als Risikoprofile instanziiert werden. Im Zuge des Einsatzes von Risikomanagement werden Verbesserungsvorschläge (neue / geänderte Checklistenfragen, Änderungen am Prozess, neue Funktionen für die Werkzeuge, etc.) gesammelt. Dieses Feedback fließt dann wiederum in die Verbesserung der Methoden, Checklistenvorlagen und Werkzeuge ein.

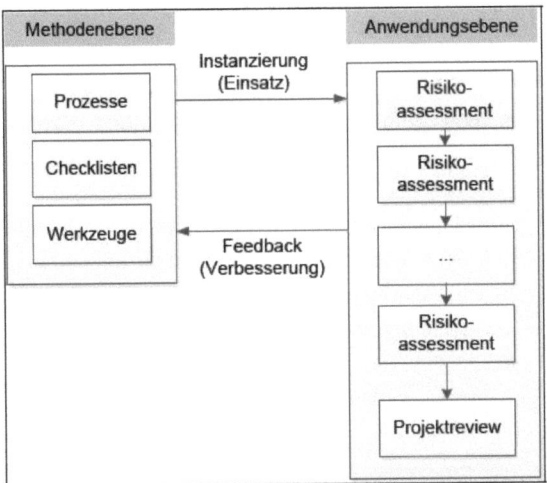

Abbildung 22 – Zusammenhang zwischen Methodenebene (Methoden, Konzepte, Vorlagen) und Anwendungsebene (Risikoassessments in den Projekten) im Risikomanagement

### 3.9.1 Zielsetzung für die laufende Verbesserung

Die Ziele für die laufende Verbesserung des Risikomanagements sind:

1. **Die Checklisten sollen immer effektiver die tatsächlichen Risiken abbilden:** Die initialen Checklistenfragen stellen einen auf Basis der aktuellen Literatur angepassten ersten Stand dar. Im Laufe der Zeit wird mit wachsender Erfahrung deutlich, welche Risiken im Unternehmen tatsächlich immer wieder kehren und zum Scheitern von Projekten führen.

2. **Die Risikomanagement Prozesse sollen immer effizienter werden:** Die für die Durchführung der Assessments benötigte Zeit soll so gering wie möglich gehalten werden, weiters sollte regelmäßig hinterfragt werden, ob die Erstellung aller Risikoprofile (P1, P2, P3, U) für jedes Projekt sinnvoll ist, oder ob nicht für manche Projektarten ein Teil weggelassen werden kann.

3. **Die Effizienz der Werkzeuge soll laufend erhöht werden:** Im Laufe der Zeit werden sich viele Vorschläge für Anpassungen der Funktionen der Risikomanagement Werkzeuge ergeben. Durch deren Umsetzung soll ein schnelleres Arbeiten ermöglicht und immer mehr Bereiche des Risikomanagements unterstützt werden.

### 3.9.2 Sammeln von Daten als Grundlage für Verbesserungen

Die Basis für die Verbesserung von Prozessen, Checklisten und Werkzeugen ist erstens das direkte Feedback der Projektleiter, zweitens die Ergebnisse (Protokolle) der Projektreviews und zum dritten die Berichte und Kennzahlen für die Überwachung des Einsatzes des Risikomanagements.

Während jedes Assessments sollten Probleme, Ideen für Änderungen an den Funktionen der Werkzeuge und vor allem Vorschläge für neue, geänderte oder wegzulassende Checklistenpositionen sofort notiert werden. Diese Notizen werden am besten direkt beim Risikomanager gesammelt.

Ebenso zentral gesammelt werden die Protokolle der Projektreviews. In diesen ist dokumentiert, welche Risiken im Projekt auftraten, welche Maßnahmen getroffen wurden und wie die Effektivität der Maßnahmen vom Projektteam eingeschätzt wurde. Durch diese Daten können vor allem die Maßnahmenvorschläge für zukünftige Projekte überarbeitet werden.

Als dritte Informationsquelle für die Prozessverbesserung überwacht der Risikomanager mithilfe der definierten Berichte und Kennzahlen quantitativ die Effizienz und Effektivität des Risikomanagements im Unternehmen.

### 3.9.3 Planung und Umsetzung von Verbesserungen

Im ersten Jahr nach der Einführung empfiehlt es sich, in monatlichen Risikomanagementreviews das gesammelte Feedback durchzugehen, Änderungen an den Checklisten und Maßnahmenvorschlägen am besten sofort im Werkzeug einzupflegen und über Änderungen am Prozess und den Werkzeugen zu entscheiden. Als Gremium hierfür sollte das Einführungsteam fungieren. Zu jeder umzusetzenden Verbesserung sollte festgehalten werden, welchen Nutzen sie bringt und wie dieser gemessen werden kann. Gegebenenfalls müssen dafür die bestehenden Berichte und Kennzahlen angepasst oder ergänzt werden. Nach dem ersten Jahr kann das Intervall für die Risikomanagementreviews reduziert werden.

Änderungen an den Werkzeugen und am Prozess sollten als eigene kleine Veränderungsprojekte angesehen und umgesetzt werden. Sie erfordern zum Teil Programmierarbeiten, in jedem Fall aber eine genaue Dokumentation der

Änderungen im Risikomanagement Handbuch. Sämtliche Änderungen müssen an die Anwender, also die Projektleiter im Unternehmen, kommuniziert und ggf. Schulungen durchgeführt werden. Die Informationen über die Neuerungen sollten auf möglichst vielen Kanälen kommuniziert werden (Intranet, Rundmail, Newsletter, Präsentationen, Schulungen).

### 3.9.4 Kontrolle des Nutzens der Verbesserungen

Für jede umgesetzte Verbesserung (z.B. neue Funktionen im Werkzeug, neue Fragen in den Checklisten, neue Regeln für den Einsatz der einzelnen Risikoprofile in unterschiedlichen Projekten etc.) muss kontrolliert werden, ob diese auch tatsächlich den erhofften Nutzen bringt. Im Idealfall lässt sich der Nutzen anhand der in der Planungsphase für die Verbesserung festgelegten Kennzahlen direkt messen. Ist dies nicht möglich, sollte zumindest das Feedback der Projektleiter zum Nutzen durch die Verbesserung eingeholt werden.

**Zusammenfassung:** Im dritten Kapitel wurde die Risikomanagement Methode für KMU im Detail vorgestellt. Es wurden der Ablauf im Projekt, die erstellten Artefakte und die beteiligten Rollen beschrieben. Der letzte Teil des Kapitels widmete sich der Einführung von Risikomanagement in einem Unternehmen und dessen laufender Verbesserung. Im nächsten Kapitel wird ein mögliches Werkzeug für die Unterstützung der Projektleiter beim Einsatz des Risikomanagements in ihren Projekten konzipiert.

# 4 WERKZEUGE FÜR DAS RISIKOMANAGEMENT

## 4.1 Überblick über den Risikomanagement Werkzeugkasten für KMU

Für das Risikomanagement in KMU sollten zumindest folgende Werkzeuge für Methoden- und Anwendungsebene zur Verfügung stehen (siehe Abbildung 23, Werkzeuge sind blau hinterlegt):

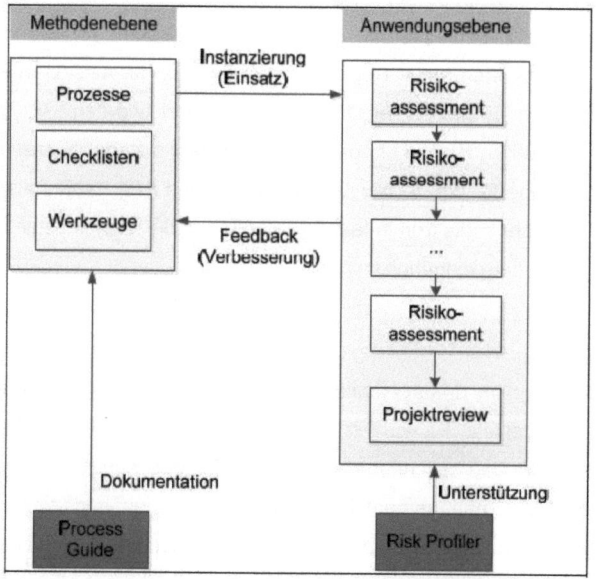

Abbildung 23 - Überblick über Risikomanagement Werkzeuge in KMU

1. **Risikomanagement Process Guide:** Im Risikomanagement Process Guide (Risikomanagement Handbuch) sind sämtliche Prozesse, Artefakte und Richtlinien zur Verwendung des Risikomanagements im Unternehmen dokumentiert und für alle zugänglich. Es ist ein Nachschlagewerk für alle Anwender von Risikomanagement im Unternehmen.

2. **Risk Profiler:** Dieses Werkzeug unterstützt die Projektleiter bei der Ausführung der Risikomanagement Aufgaben in ihren Projekten (Risikoidentifikation und –analyse, Maßnahmenplanung und Risiko Monitoring). Die Daten werden in einer Datenbank abgelegt, diese bildet auch die Basis für die Risikomanagement Berichte.

Nicht durch spezielle Werkzeuge unterstützt wird die Durchführung der Projektreviews. Diese haben starken Workshopcharakter, es werden daher eher Werkzeuge wie Präsentationssoftware für die Durchführung der Workshops und Textverarbeitungssoftware für die Dokumentation der Ergebnisse verwendet. Die Ablage und Verteilung der Ergebnisse geschieht über Werkzeuge wie E-Mail Software bzw. im Intranet.

Im Zuge der Diplomarbeit wurde ein Prototyp für den Risk Profiler entwickelt und in einer Fallstudie validiert (siehe „5 Fallstudie zur Validierung von "). Das Process Guide Werkzeug wurde nur strukturell konzipiert, jedoch nicht in der Fallstudie validiert.

In den folgenden Abschnitten werden die einzelnen Werkzeuge näher beschrieben.

## 4.2 Risikomanagement Process Guide

### 4.2.1 Überblick und Zielsetzungen für den Process Guide
Der Risikomanagement Process Guide dient der Abbildung der Methodenebene im Risikomanagement. In ihm sind alle Informationen zum Risikomanagement, seinen Prozessen, Werkzeugen und den im Unternehmen gültigen Richtlinien dokumentiert. Die Umsetzung erfolgt am besten mit einem Werkzeug zur Erstellung HTML-basierter Process Guides.

Der Risikomanagement Process Guide hat folgende Ziele:

- Professionelle Dokumentation sämtlicher Prozesse, Werkzeuge, Artefakte und Richtlinien an einer zentralen Stelle
- Nachschlagewerk für die Anwender für alle Fragen rund um Risikomanagement im Unternehmen
- Benutzerhandbuch für die Risikomanagement Werkzeuge
- Informationsquelle für neue Mitarbeiter
- Zentrale Ablage von Projektreviewprotokollen

## 4.2.2 Überblick über die Struktur

Die hier angeführte mögliche Struktur eines Risikomanagement Process Guide ist grob an die Struktur des Process Guide für den Rational Unified Process angelehnt [42].

1. **Risikomanagement im Überblick:** Enthält textuell und grafisch dargestellt einen Überblick über das Risikomanagement im Unternehmen inklusive der Ziele, die damit erreicht werden sollen.

2. **Risikomanagement im Projektverlauf (zeitliche Dimension)**
   a. Risikomanagement in Vertrieb und Vorprojekt
   b. Risikomanagement während der Umsetzung
   c. Risikomanagement in der Nachbereitung

3. **Rollen im Risikomanagement:** Beinhaltet neben der Beschreibung der Rollen im Risikomanagement auch Informationen wer im Unternehmen welche Rolle bekleidet inklusive einer Liste von Ansprechpersonen für die wichtigsten Bereiche im Risikomanagement.

4. **Artefakte im Risikomanagement**
   a. Grobes Risikoprofil (P1)
   b. Feines Risikoprofil (P2)
   c. Detailliertes Risikoprofil (P3)
   d. Vollständiges Risikoprofil (U)

5. **Kernaufgaben im Risikomanagement**
   a. Risikoidentifikation und Bewertung
   b. Maßnahmenplanung
   c. Maßnahmencontrolling
   d. Durchführung Projektreview

6. **Basisaktivitäten im Risikomanagement**
   a. Durchführen eines Risikoassessments
   b. Durchführen eines Projektreviews

7. **Laufende Verbesserung des Risikomanagements**

8. **Werkzeuge des Risikomanagements:** Dieser Abschnitt beinhaltet die komplette Anwenderdokumentation zu allen Risikomanagement Werkzeugen.

9. **Projektreview Protokolle:** Hier werden sämtliche Projektreviewprotokolle zentral abgelegt.

### 4.3 Risk Profiler

Der Risk Profiler dient der Unterstützung des Einsatzes von Risikomanagement in konkreten Projekten, also der Anwendungsebene.

#### 4.3.1 Zielsetzung und Überblick

Ziel des Risk Profiler ist es, den Projektleiter bei der Durchführung der Risikoassessments zu unterstützen. Auf Risikomanagement Aufgaben bezogen umfasst dies die Risikoidentifikation, Risikoanalyse, Maßnahmenplanung und Maßnahmenkontrolle, sowie das Risiko Monitoring. Die Durchführung von Projektreviews ist nicht im Risk Profiler abgebildet, da dabei wenige strukturiert auswertbare Daten erfasst werden.

Im Risk Profiler sollten zumindest folgende Funktionen enthalten sein:

1. *Dokumentation der Durchführung der Risikoassessments:* In der Applikation muss es möglich sein, die Durchführung eines Risikoassessments zu dokumentieren (Datum, Teilnehmer, Projekt, Projektphase), siehe „3.4 Ablauf eines Risikoassessments". Somit ist in jedem Projekt nachvollziehbar, wann welche Risikomanagement Aktivitäten gesetzt wurden.

2. *Erstellung von Risikoprofilen auf Basis projektphasenabhängiger Checklisten:* In der Applikation muss es möglich sein, je nach aktueller Projektphase die passende Checkliste auszuwählen, auszufüllen und somit das Risikoprofil für die aktuelle Phase zu erstellen, siehe „3.4.2 Risikoidentifikation und Risikobewertung".

3. *Bewertung der Risiken:* Zu jedem Risiko im Risikoprofil muss der Risikowert, sowie optional als Zusatzinformation Eintrittswahrscheinlichkeit und möglicher Schaden erfasst werden können. Darüber hinaus sollte die Applikation einen Assistenten bieten, der den Projektleiter bei der Bestimmung des Risikowertes aus Eintrittswahrscheinlichkeit und Schaden unterstützt, siehe „3.4.2 Risikoidentifikation und Risikobewertung".

4. *Planung der Maßnahmen zu Risiken:* Zu jedem Risiko muss es möglich sein, Maßnahmen zu definieren. Die Applikation sollte hierbei eine Unterscheidung in präventive und Maßnahmen bei Eintreten des Risikos erlauben, sowie Maßnahmenvorschläge zu den einzelnen Risiken anbieten, siehe „3.4.3 Maßnahmenplanung".

5. **Kontrolle der Maßnahmenumsetzung:** Die Applikation soll den Projektleiter bei der Kontrolle des Status der Maßnahmenumsetzung unterstützen, indem sie einfache Listen bietet, in denen die definierten Maßnahmen durchgegangen und deren Status festgehalten werden kann, siehe „3.4.4 Maßnahmencontrolling".

6. **Möglichkeit zur einfachen Anpassung der Checklisten und Funktionen:** Im Zuge der laufenden Prozessverbesserung werden Anpassungen an den Checklisten (z.B. neue oder geänderte Fragen, etc.) und Einstellungen für die Applikation notwendig sein (z.B. Änderung des Schwellenwertes für verpflichtende Maßnahmen, etc.). Solche Verbesserungen sollten in der Applikation rasch und einfach durchgeführt werden können, siehe „3.8.4 Anpassung der Methode an das Unternehmen" und „3.9 Laufende Verbesserung des Risikomanagements".

7. **Anzeige von Berichten zur Dokumentation und Analyse:** Das Risikomanagement Werkzeug muss dem Projektleiter Möglichkeiten bieten, Risikoprofile und Maßnahmenlisten zu drucken, um sie z.B. bei Besprechungen mit dem Kunden verwenden oder in die gedruckte Projektdokumentation einfügen zu können.

8. **Anzeige von Berichten für den Risikomanager:** Die Risikomanagement Berichte dienen dem Risikomanager zur Überwachung des Einsatzes des Risikomanagements in den Projekten. Die Datenbasis für die Berichte ist die Datenbank des Risk Profilers. Zu Zielsetzung und möglichen Inhalten der Berichte siehe „3.8.9 Produktiveinsatz und Monitoring".

Im Folgenden wird eine mögliche Umsetzung eines solchen Risk Profilers, nämlich der für die Fallstudie erstellte Prototyp, im Detail beschrieben.

### 4.3.2 Datenmodell

In Abbildung 24 ist das Datenmodell des in der Fallstudie verwendeten Werkzeugprototypen für den Risk Profiler dargestellt:

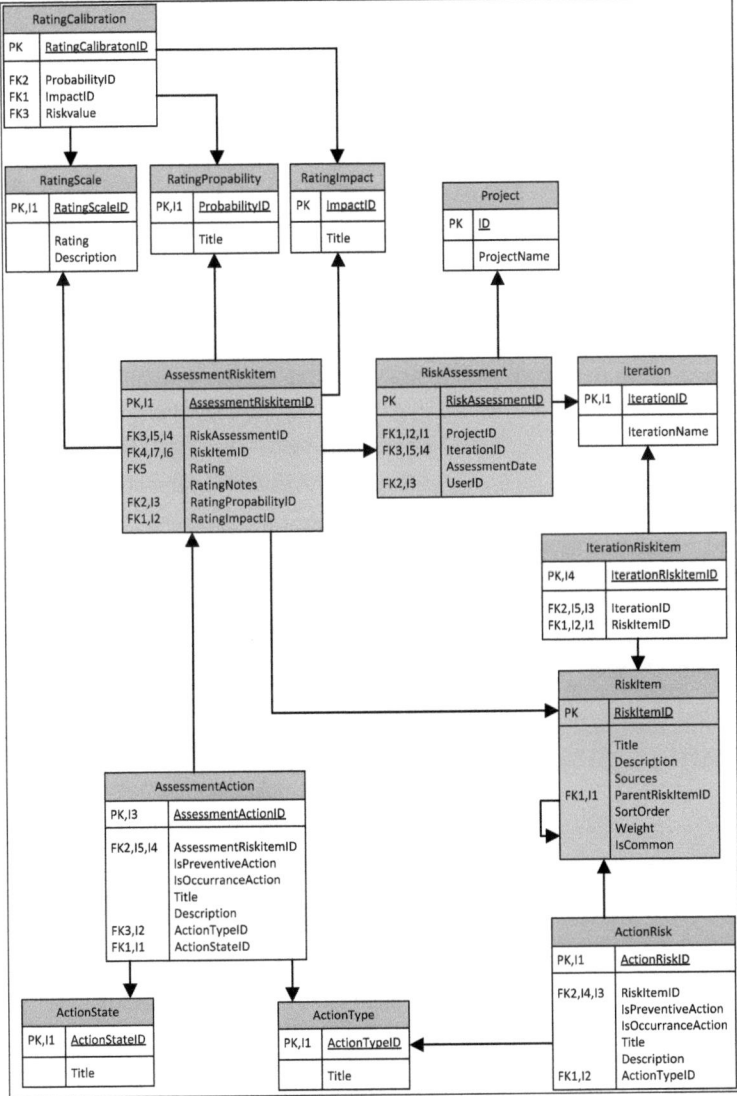

Abbildung 24 - Datenmodell des Risk Profilers

Im Datenmodell nicht enthalten sind die Entitäten für Benutzer und Berechtigungsverwaltung, diese sind für den Prototypen nicht relevant. In Tabelle 13 sind die einzelnen Entitäten kurz beschrieben, die Haupttabellen sind grau hinterlegt.

| Entität | Beschreibung |
|---|---|
| RiskItem | Die in den Checklisten abgefragten Risiken. Durch das „IsCommon" Attribut wird gekennzeichnet, ob es sich um ein Standardrisiko für alle Projekte handelt (1) oder um ein nur für ein Projekt angelegtes projektspezifisches Risiko (0). Über das Feld ParentRiskItem kann eine einfache Hierarchie hergestellt werden. Diese wird im Werkzeug verwendet, um Risiken zu Risikogruppen zuzuordnen. |
| RiskAssessment | Kopfdaten zu allen Risikoassessments. Jedes Risikoassessment ist einer Iteration (einem Schritt im Risikomanagement Zyklus, also P1, P2, P3 oder U) und einem Projekt zugeordnet. |
| AssessmentRiskItem | Bewertung und Anmerkungen zu einem Risiko in einem Assessment |
| AssessmentAction | Maßnahme zu einem Risiko in einem Projekt. Über die Felder „IsPreventiveAction" und „IsOccurranceAction" wird festgelegt, ob es sich um eine präventive Maßnahme oder um eine Maßnahme nach Eintritt des Risikos handelt. |
| ActionRisk | Maßnahmenvorschläge zu einem Risiko. Über die Felder „IsPreventiveAction" und „IsOccurranceAction" wird festgelegt, ob es sich um eine präventive Maßnahme oder um eine Maßnahme nach Eintritt des Risikos handelt. |
| ActionState | Status der Maßnahmenumsetzung. z.B. „In Arbeit", „Abgeschlossen" etc. |

| | |
|---|---|
| **ActionType** | Art der Maßnahme. Dient einer eventuellen weiteren Untergliederung der Maßnahmen. |
| **Iteration** | Schritt im Risikomanagement Prozess. z.B. P1, P2, P3, U |
| **IterationRiskItem** | Zuordnung von Risiken zu Schritten im Prozess. Über diese Zuordnungstabelle wird festgelegt, welche Risiken in welchem Prozessschritt abgefragt werden. Sie ist also die zentrale Tabelle für die Zusammenstellung der einzelnen Checklisten. |
| **Project** | Projekt |
| **RatingCalibration** | Kalibrierung der Risikowertberechnung. Jedem Wert für Eintrittswahrscheinlichkeit (Probability) und Schaden (Impact) wird ein Risikowert (Rating) zugeordnet. |
| **RatingImpact** | Skalenwerte für möglichen Schaden |
| **RatingPropability** | Skalenwerte für Eintrittswahrscheinlichkeit |
| **RatingScale** | Skalenwerte für Risikowert |

Tabelle 13 - Tabellenbeschreibung der Datenbanktabellen des Werkzeugprototypen

### 4.3.3 Funktionen im Detail

#### 4.3.3.1 Durchführung von Risikoassessments

**Maske Assessments auflisten**

In dieser Maske werden alle durchgeführten Risikoassessments aufgelistet (Abbildung 25). Es kann nach Projekt und / oder Iteration gesucht werden. Aus dieser Liste können die Details zu einem Assessment (also die ausgefüllte Checkliste) und eine Liste aller offenen Maßnahmen (Todo List) aufgerufen werden.

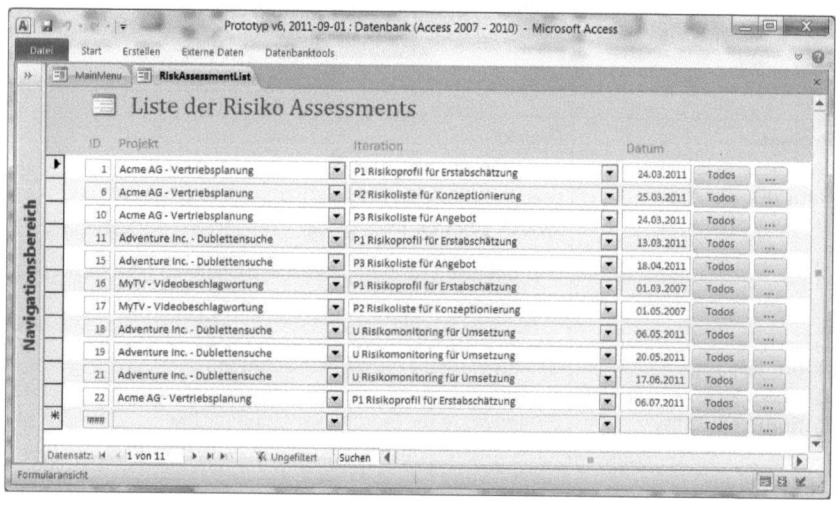

Abbildung 25 - Maske „Liste der Risiko Assessments" im Werkzeugprototyp

**Maske zum Anlegen eines neuen Assessments**

Im Prototypen muss zum Anlegen eines neuen Assessments zuerst ein Kopfdatensatz angelegt werden, in dem das Projekt und die Iteration festgelegt werden, für die das Assessment durchgeführt wird (Abbildung 26 auf der nächsten Seite). Danach müssen die Standardrisiken für die gewählte Iteration bzw. Checkliste geladen (Button „Risiken holen") oder die Risiken inklusive Bewertungen aus einem bestehenden Assessment übernommen werden (Button „Risiken kopieren").

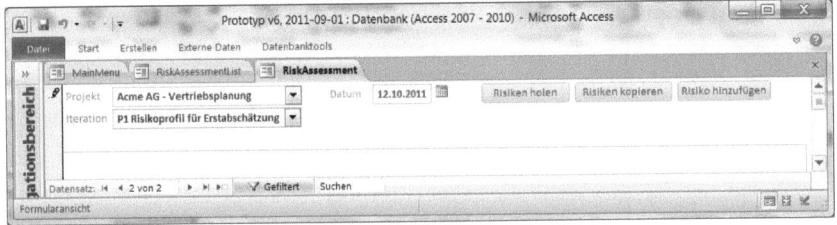

Abbildung 26 - Maske „Neues Assessment durchführen" im Werkzeugprototyp

## Maske zum Übernehmen der Risiken und Bewertungen

In dieser Maske können Risiken und deren Bewertung von einem Assessment in ein anderes übernommen werden (Abbildung 27). Dies ist immer dann sinnvoll, wenn in einer fortgeschrittenen Projektphase auf bereits durchgeführten Bewertungen aufgesetzt werden soll. In der Umsetzungsphase spart diese Funktion dem Projektleiter viel Zeit beim regelmäßigen Risiko Monitoring. Beim Übernehmen werden ggf. bereits vorhandene Risiken und deren Bewertungen nicht verändert, es werden nur neue ergänzt. Neben den Bewertungen werden auch die Maßnahmen zu den Risiken inklusive Umsetzungsstatus übernommen.

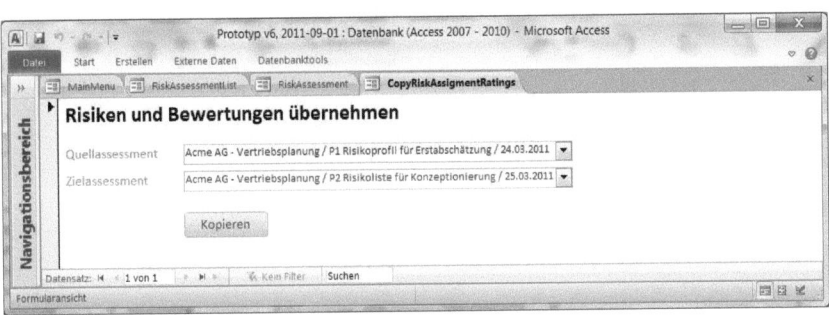

Abbildung 27 - Maske „Risiken und Bewertungen aus einem bestehenden Assessment übernehmen" im Werkzeugprototyp

**Maske mit Checklistenpositionen zu einem Assessment**

In dieser Maske werden die einzelnen Checklistenpositionen (Risiken) eines Assessments dargestellt (Abbildung 28). Die Risiken werden dabei Gruppe für Gruppe dargestellt, im Screenshot beispielsweise ist der Bereich „Projektleiter und Team" aus der P2 Checkliste zu sehen. Um das Ausfüllen für den Projektleiter möglichst einfach zu halten, kann bereits in dieser Liste der Risikowert eingegeben werden. Für weitere Informationen zu einer Risikobewertung (Anmerkungen, Angabe von Eintrittswahrscheinlichkeit und Schaden), sowie zur Erfassung von Maßnahmen muss in eine eigene Maske für die Anzeige der Risikodetails gesprungen werden. Aus dieser Maske heraus kann auch der Druckbericht für das Assessment aufgerufen werden (Button „Bericht"). Mit dem Button „Neu" kann ein neues, projektspezifisches Risiko erfasst werden.

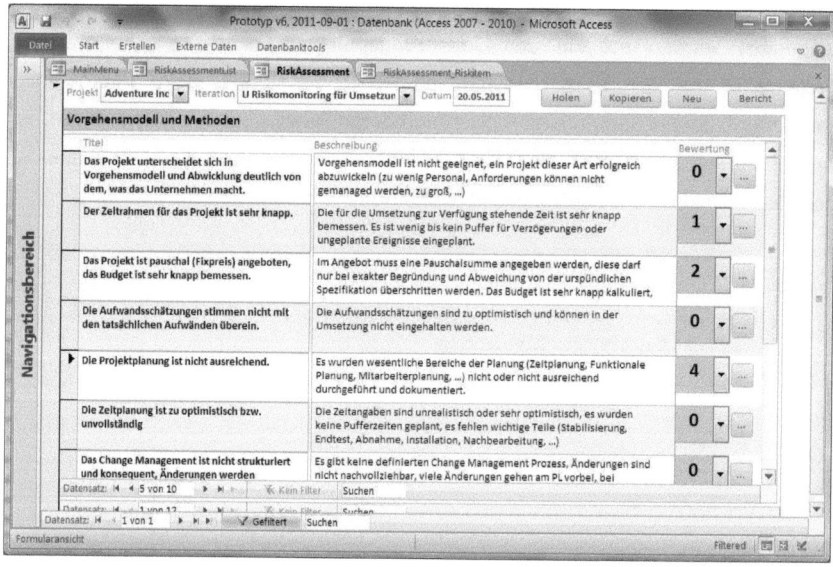

Abbildung 28 - Maske „Checkliste für ein Risikoassessment" im Werkzeugprototyp

**Maske Details zu Risikobewertung bearbeiten**

In dieser Maske können weitere Informationen zur Risikobewertung eingegeben werden (Abbildung 29). Dies beinhaltet Anmerkungen zur Bewertung (z.B. eine Begründung), sowie präventive und Maßnahmen bei Eintritt. Bei der Maßnahmenerfassung kann auf die Maßnahmenvorschläge zum Risiko zugegriffen und ggf. Vorschläge übernommen werden (Button „Vorschläge..."). Mit dem Button „Bewertungsassistent" kann der Bewertungsassistent zur Eingabe von Eintrittswahrscheinlichkeit und Schaden für das Risiko aufgerufen werden.

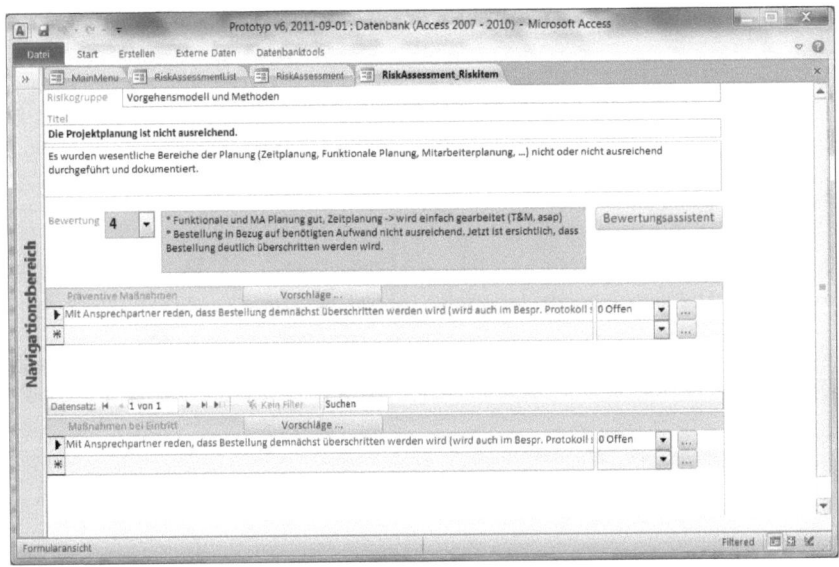

Abbildung 29 - Maske „Details zu Risikobewertung bearbeiten" im Werkzeugprototyp

**Maske Bewertungsassistent**

Der Bewertungsassistent ermöglicht es dem Projektleiter, den Risikowert aus Eintrittswahrscheinlichkeit und Schaden zu bestimmen (Abbildung 30 auf der nächsten Seite). Zur Berechnung des Risikowertes wird dabei die kalibrierte Risikowertmatrix herangezogen (siehe „3.4.2 Risikoidentifikation und Risiko").

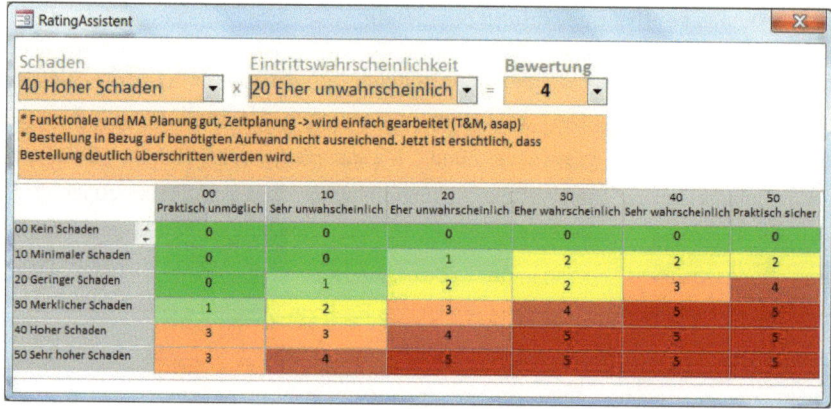

Abbildung 30 - Maske „Bewertungsassistent" im Werkzeugprototyp

## Maske für Details zu Maßnahme

In dieser Maske können weitere Details, wie Beschreibung, Art, Status etc. zu einer festgelegten Maßnahme bearbeitet werden (Abbildung 31).

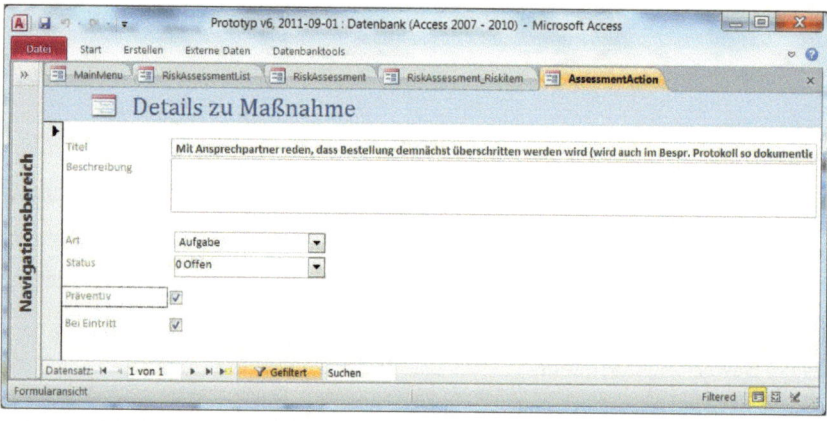

Abbildung 31 - Maske „Details zu Maßnahme bearbeiten" im Werkzeugprototyp

**Maske zum Anzeigen und Übernehmen von Maßnahmenvorschlägen**

Beim Festlegen von Maßnahmen für ein Risiko ist es für den Projektleiter sehr hilfreich, wenn er auf frühere Erfahrungen aus anderen Projekten zugreifen kann. Dazu bietet das Werkzeug die Möglichkeit, sich Maßnahmenvorschläge anzeigen zu lassen und ggf. zu übernehmen (Abbildung 32). Im Prototyp werden hier nur explizit für Standardrisiken vorerfasste Maßnahmenvorschläge angezeigt, man könnte hier aber auch alle Maßnahmen zu diesem Risiko aus anderen Projekten zur Auswahl bieten.

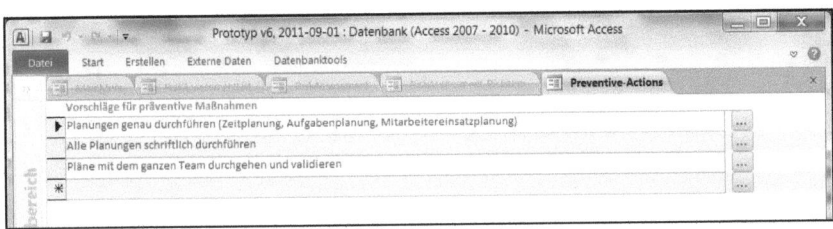

Abbildung 32 - Maske „Anzeige und Übernehmen von Maßnahmen" im Werkzeugprototyp

**Maske zur Kontrolle der in einem Assessment definierten Maßnahmen**

Das Werkzeug bietet eine Funktion, um in einer einfachen Liste sämtliche Maßnahmen zu allen Risiken in einem Risikoassessment anzeigen und bearbeiten zu können (siehe Abbildung 33 auf der nächsten Seite). Diese Liste erleichtert dem Projektleiter die Kontrolle der Maßnahmen und deren Umsetzungsstatus. Mit dem Button „Bericht" kann eine Druckansicht für die Maßnahmenliste angezeigt werden.

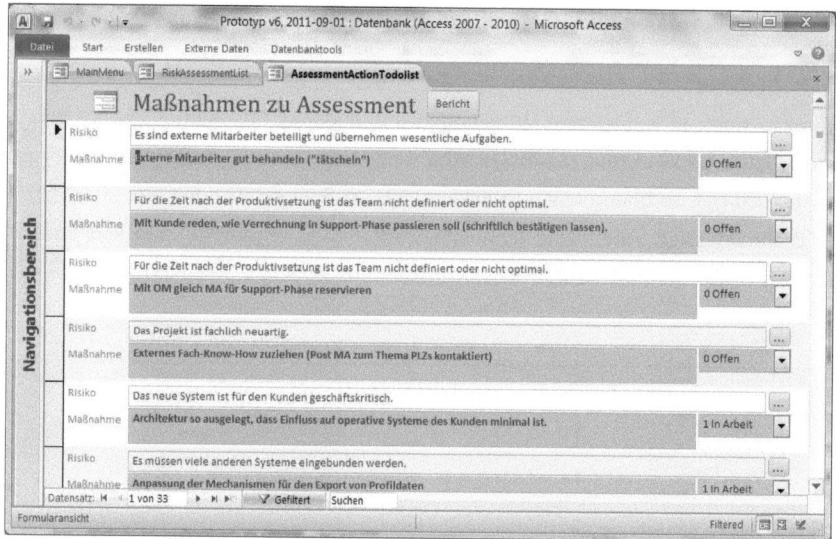

Abbildung 33 - Maske „Maßnahmen zu Assessment" im Werkzeugprototyp

## 4.3.3.2 Verwaltung der Risiken

### Maske Risiken auflisten

In dieser Maske werden alle Risiken aufgelistet (Abbildung 34 auf der nächsten Seite). Das Attribut „Standard" gibt an, ob es sich um ein Standardrisiko handelt, dass für alle Projekte zur Verfügung steht, oder um ein projektspezifisch angelegtes Risiko. In der Liste kann nach Risiken gesucht werden (textuelle Suche im Titelfeld, Einschränkung nach Risikogruppe). Es können einzelne Risiken gelöscht und die Details zu einem Risiko aufgerufen werden.

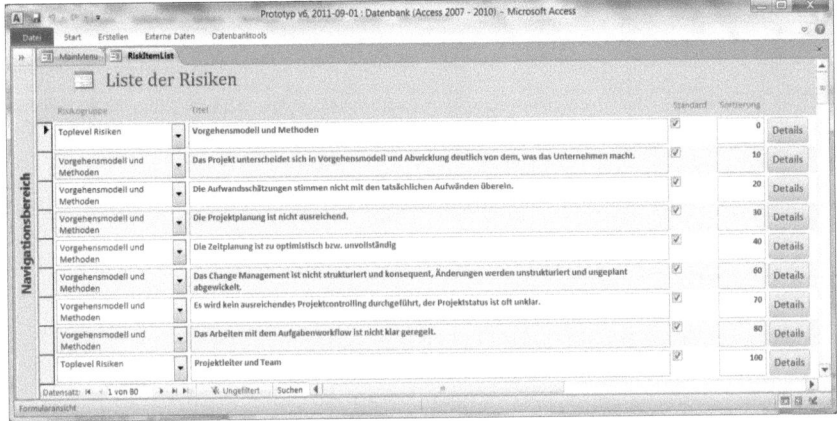

Abbildung 34 - Maske "Liste der Risiken" im Werkzeugprototyp

## Maske Risiko hinzufügen / Risikostammdaten ändern

In dieser Maske können Risikodetails angesehen und bearbeitet bzw. neue Risiken angelegt werden (Abbildung 35). Es können alle Daten wie Titel, Beschreibung, Gruppe, Sortierung etc. bearbeitet werden.

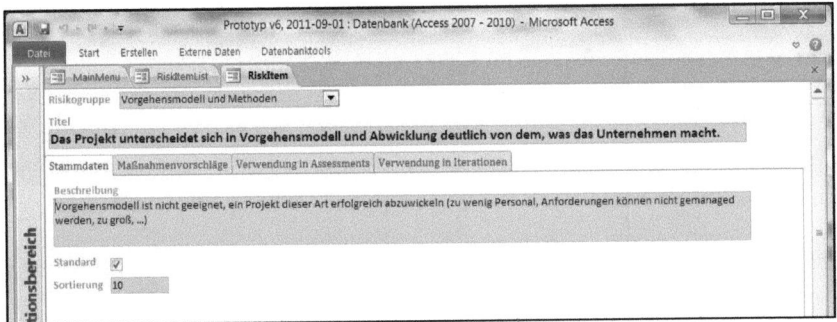

Abbildung 35 - Maske „Risiko bearbeiten" im Werkzeugprototyp

## Maske Risiko direkt zu Assessment zuordnen / Zuordnung löschen

In dieser Maske kann angesehen werden, in welchen Risikoassessments ein Risiko bereits verwendet wurde (Abbildung 36). Wenn nötig, kann eine solche Verwendung (d.h. die Bewertung des Risikos im Assessment) hier auch gelöscht werden.

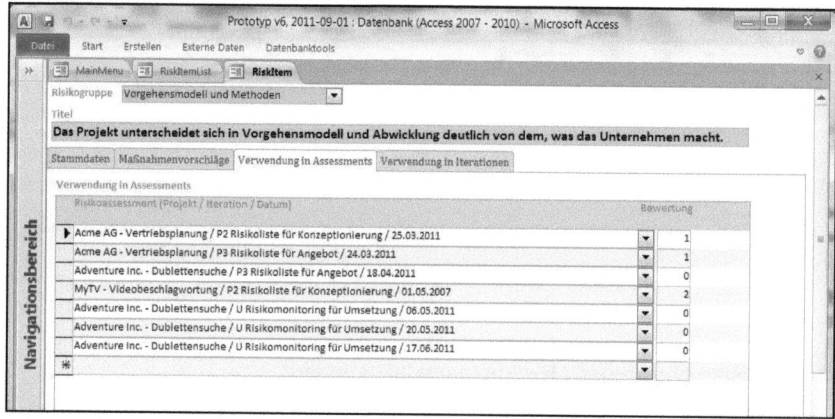

Abbildung 36 - Maske „Risikoverwendung in Assessments" im Werkzeugprototyp

### 4.3.3.3 Verwaltung der Maßnahmenvorschläge
#### Maske Maßnahmenvorschläge für Risiko erfassen / ändern / löschen

Diese Maske kann von der Detailmaske eines Risikos aus aufgerufen werden. Hier können Vorschläge sowohl für präventive als auch für Maßnahmen bei Eintritt erfasst, bearbeitet und gelöscht werden (Abbildung 37 auf der nächsten Seite).

Die hier verwalteten Maßnahmenvorschläge können bei der Maßnahmenentwicklung eines Risikos im Zuge eines Risikoassessments aufgerufen und als konkrete Maßnahmen in ein Projekt übernommen werden (siehe „4.3.3.1 Durchführung von Risikoassessments"). Zu jeder Maßnahme kann eine Maske für die Erfassung der notwendigen Detailinformationen aufgerufen werden.

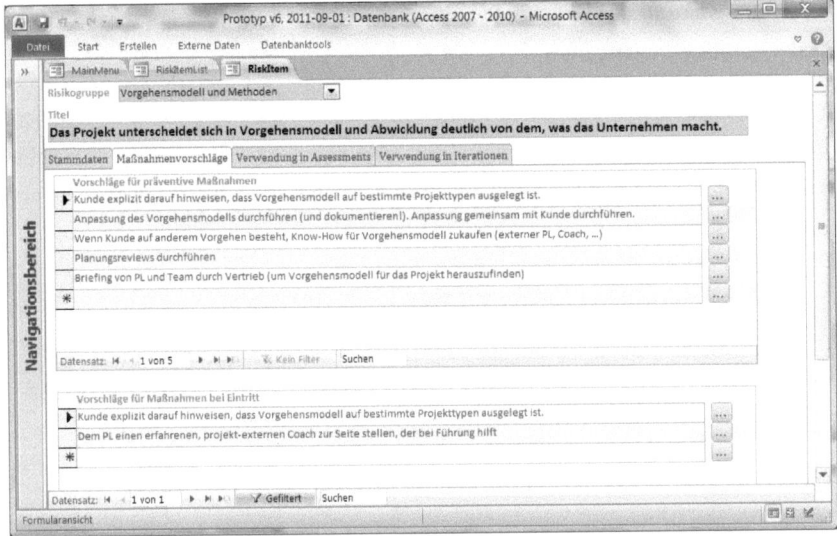

Abbildung 37 - Maske „Maßnahmenvorschläge zu Risiko verwalten" im Werkzeugprototyp

**Maske Details zu Maßnahmenvorschlag bearbeiten**

In dieser Maske können Detailinformationen wie Titel, Beschreibung, Art (präventiv oder bei Eintritt) zu einem Maßnahmenvorschlag bearbeitet werden (Abbildung 38).

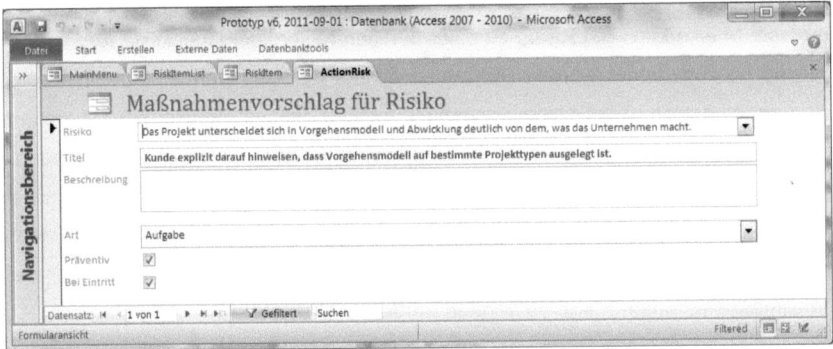

Abbildung 38 - Maske „Details zu Maßnahmenvorschlag bearbeiten" im Werkzeugprototyp

#### 4.3.3.4 Verwaltung der Checklisten

**Maske Iterationen verwalten**

In dieser Maske können Iterationen verwaltet werden (Abbildung 39). Eine Iteration ist die Abbildung eines Schrittes im Risikomanagement (also P1, P2, P3 und U, siehe „3.5 Risikoprofile im Projektverlauf"). Sie stellt eine Checkliste dar, die dann in einem konkreten Assessment verwendet werden kann.

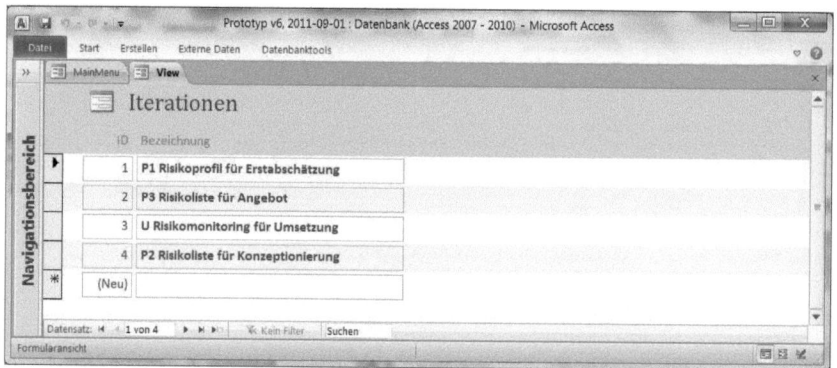

Abbildung 39 - Maske „Iterationen verwalten" im Werkzeugprototyp

**Maske Risiko zu Iteration zuordnen / Zuordnung löschen**

In dieser Maske kann ein Risiko zu einer Iteration (also einer Checkliste für P1, P2, P3 und U) zugeordnet werden (Abbildung 40 auf der nächsten Seite). Ein Risiko kann in mehreren Checklisten verwendet werden. Ist ein Risiko einer Iteration zugeordnet, so muss es bei einem Assessment für diese Iteration bewertet werden. Wird ein Risiko aus einer Checkliste herausgenommen (also die Zuordnung gelöscht), so scheint sie in zukünftigen Assessments zu dieser Iteration nicht mehr auf. Bestehende Bewertungen werden nicht verändert. Diese Maske kann über die Detailmaske zu einem Risiko aufgerufen werden.

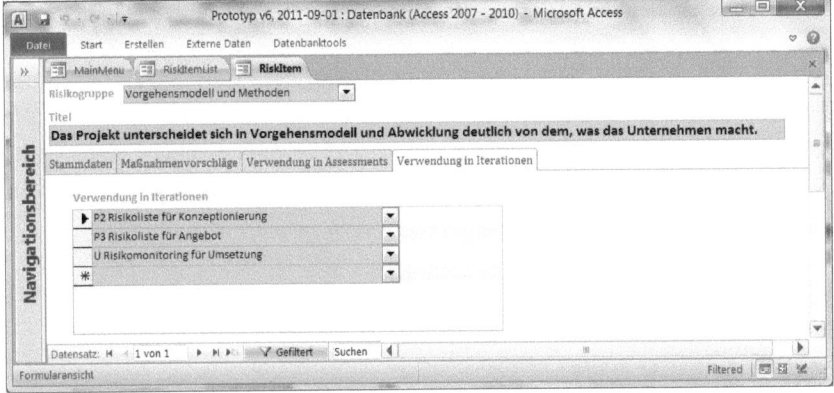

Abbildung 40 - Maske „Risiko zu Iterationen zuordnen" im Werkzeugprototyp

### 4.3.3.5 Berichte

### Bericht Druckansicht der Standardrisiken je Iteration

In diesem Bericht werden die Checklisten je Iteration (P1-3, U) mit den jeweils zugeordneten Fragen dargestellt (siehe Abbildung 41). Der Bericht ist als Druckansicht für die Checklisten konzipiert und kann beispielsweise bei der Diskussion der Checklisten im Zuge der laufenden Verbesserung verwendet werden.

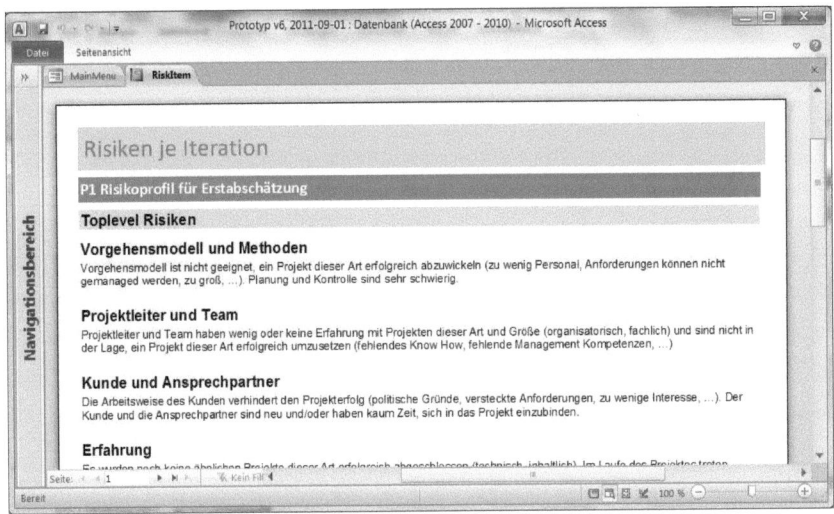

Abbildung 41 - Bericht Druckansicht der Standardrisiken je Iteration

**Bericht Druckansicht zu Risikoassessment**

Hier kann ein in einem Risikoassessment erstelltes Risikoprofil gedruckt werden (siehe Abbildung 42). Es werden dabei alle Risiken angezeigt, sowie deren Bewertung inklusive Anmerkungen und alle für die Risiken definierten Maßnahmen. Dieser Bericht kann beispielsweise zur Ablage und Dokumentation der Risikomanagement Aktivitäten in einem Projekt verwendet werden.

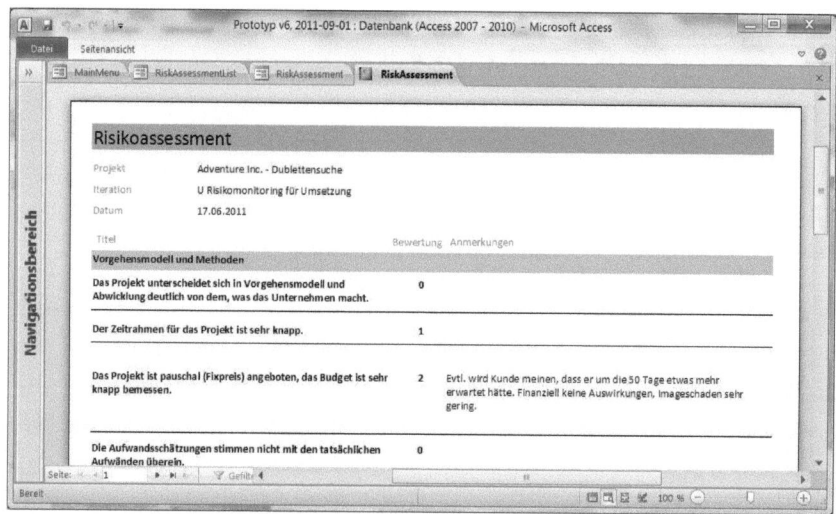

Abbildung 42 – Bericht Druckansicht eines Risikoassessments

**Bericht Druckansicht zu Maßnahmenliste**

Mit diesem Bericht können alle in einem Risikoassessment festgelegten Maßnahmen inklusive deren aktuellem Status angezeigt und ausgedruckt werden (siehe Abbildung 43 auf der nächsten Seite). Dieser Bericht kann beispielsweise in einer täglichen Mitarbeiterbesprechung zur Diskussion des Maßnahmenstatus herangezogen werden.

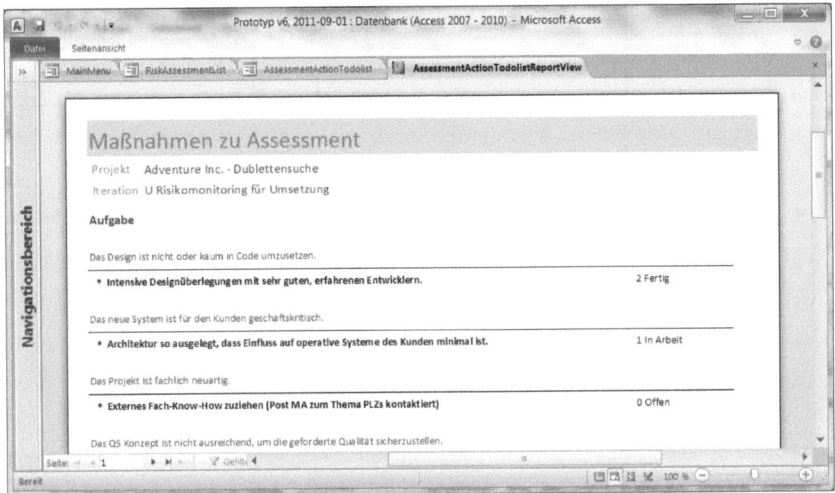

Abbildung 43 - Bericht Druckansicht der in einem Risikoassessment definierten Maßnahmen

### 4.3.4 Im Prototyp nicht abgebildete Funktionen

Im Prototyp wurden nur Funktionen umgesetzt, die für die Validierung der Checklisten und der Risikomanagement Methode insgesamt oder für die Unterstützung der Projektleiter bei der Ausführung der Risikomanagement Aufgaben erforderlich waren.

Im produktiven Werkzeug sind darüber hinaus zumindest noch folgende Funktionen notwendig:

- **Benutzerverwaltung:** Es müssen alle Benutzer, also Projektleiter, Risikomanager etc., angelegt und verwaltet werden können. Jeder Anwender muss sich mit seinem Benutzernamen und Kennwort anmelden.

- **Protokollierung:** Bei allen Aktionen wird mitprotokolliert, wer sie wann durchgeführt hat.

- **Rollen- und Rechtemanagement:** Im Werkzeug können Rollen definiert werden, über die festgelegt wird, welche Funktionen für wen nutzbar sind. Jeder Benutzer wird nur den Rollen zugeordnet, die er benötigt.

- **Automatische Befüllung der Risikomaßnahmenvorschläge:** Die Anwendung soll den Projektleiter durch Maßnahmenvorschläge bei der

Maßnahmenplanung unterstützen. Die Liste der Maßnahmenvorschläge wird zum einen manuell befüllt, kann aber auch automatisch erweitert werden. Eine Möglichkeit hierzu wäre, dass jede manuell im Zuge eines Assessments erfasste Maßnahme automatisch auch als Maßnahmenvorschlag für das entsprechende Standardrisiko angelegt und in Zukunft vorgeschlagen wird.

- *Berichte für den Risikomanager:* Projektübergreifende Berichte erlauben es dem Risikomanager, Effektivität und Effizienz des Risikomanagements über alle Projekte zu verfolgen.

**Zusammenfassung:** Im vierten Kapitel wurden Umsetzungsvorschläge für die wesentlichen Werkzeuge für das Risikomanagement in KMU beschrieben. Dies umfasst den Risk Profiler zur Unterstützung der Projektleiter beim Erstellen von Risikoprofilen in den Risikoassessments und einen Risikomanagement Process Guide als Methodendokumentation und Nachschlagewerk. Im letzten Kapitel der Arbeit folgt nun die Dokumentation der Evaluierung von Methode und Werkzeugen in einer Fallstudie.

# 5 FALLSTUDIE ZUR VALIDIERUNG VON METHODE UND WERKZEUG

## 5.1 Zielsetzung und Vorgehensweise für die Fallstudie

### 5.1.1 Zielsetzung und Forschungsfragen

Das Ziel der im Zuge dieser Diplomarbeit durchgeführten Fallstudie ist die Überprüfung der entworfenen Risikomanagement Methode und Werkzeuge im praktischen Einsatz.

Die primäre forschungsleitende Fragestellung ist dabei: Welche Kosten verursacht der Einsatz dieser Risikomanagement Methode und welchen Nutzen bringt er? Darüber hinaus soll das Feedback aus der Fallstudie in die Checklisten und Werkzeuge einfließen.

Um Kosten und Nutzen bewerten zu können, muss erst definiert werden, wie diese beiden Faktoren gemessen werden können. Die Kostenseite kann über den Aufwand in Personenstunden gemessen werden, der für Risikomanagement Aktivitäten im Projekt entsteht, ergänzend dazu kann dieser Aufwand in Relation zum Gesamtprojektaufwand gesetzt werden. Der Nutzen ist, wie bei vielen Prozessen, nur indirekt messbar. Eine Quelle für die Bewertung des Nutzens ist eine subjektive Beurteilung durch die beteiligten Personen, eine andere sind Analysen der in der Fallstudie gesammelten Aufzeichnungen, um über Relevanz, Effektivität und Effizienz des Risikomanagements Rückschlüsse auf den Nutzen zu ziehen.

### 5.1.2 Datensammlung

Im Laufe der Fallstudie werden als Basis für die Analyse folgende Daten gesammelt:

- **Aufwände für Risikomanagement Aktivitäten:** Für sämtliche Tätigkeiten im Zuge der Einführung und des Einsatzes von Risikomanagement wird detailliert aufgezeichnet, welche Personen beteiligt sind und wie viel Zeit (in Stunden) jeweils benötigt wird. Hierzu zählen auch Vorbereitungszeiten, Zeiten für die Erstellung von Dokumenten etc.
- **In den Pilotprojekten erstellte Risikoprofile:** Im Zuge der Pilotprojekte werden Risikoprofile erstellt, in denen für die einzelnen Risiken Beurteilungen

durchgeführt und Maßnahmen erfasst werden. Diese Daten werden zentral in der Datenbank des Risk Profiler gesammelt.

- *Interviews mit beteiligten Personen:* Um auch die subjektiven Erfahrungen und das Feedback der beteiligten Personen nutzen zu können, werden Interviews mit den beteiligten Personen geführt.

Bei den Interviews werden folgende Fragen gestellt:

1. Wurden durch das Risikomanagement zusätzliche Risiken gefunden, die dann die Handlungen bzw. die Planung im Projekt beeinflussten?
2. Wurden in allen Projektphasen relevante Risiken identifiziert?
3. Wurden Risiken übersehen, d.h. traten Risiken auf, die nicht vorab durch das Risikomanagement gefunden wurden?
4. Sind die Methoden und Werkzeuge im Projektalltag einsetzbar?
5. Sind Aufwand und Kosten für den Einsatz in den Projekten vertretbar?
6. Werden Sie Risikomanagement weiterhin einsetzen?

### 5.1.3 Datenanalyse

Basierend auf den gesammelten Daten werden für Kosten und Nutzen folgende quantitativen Analysen durchgeführt:

- **Kosten**
  - o Aufwand für die Vorbereitungsaktivitäten (Konzeptionierung, Planung, Anpassung Checklisten etc.)
  - o Aufwand für die Durchführung aller Risikomanagement Aktivitäten in einem Projekt
  - o Anteil des Aufwands für Risikomanagement am Gesamtprojektaufwand
- **Nutzen**
  - o Anzahl der Risiken je Risikoprofil mit Risikowert > 0. Dieser Wert lässt Rückschlüsse zu, ob überhaupt Risiken gefunden werden.
  - o Anzahl der je Risikoprofil definierten Maßnahmen
  - o Anteil der Risiken, deren Bewertungen sich im Projektverlauf geändert haben. Dieser Wert lässt Rückschlüsse zu, ob ein laufender Einsatz über das gesamte Projekt hinweg Nutzen bringt.

Wo dies sinnvoll und möglich ist, erfolgt die Analyse der Daten zum einen für das Projekt insgesamt, als auch aufgeschlüsselt je Projektphase (Vorprojekt, Umsetzung, Nachprojekt).

Neben diesen quantitativen Analysen werden die Aufzeichnungen aus den Interviews qualitativ auf Gemeinsamkeiten und Besonderheiten in den Aussagen zu Kosten und Nutzen analysiert.

### 5.1.4 Vorgehensweise bei der Fallstudie

Nach Runeson und Höst ist eine Fallstudie eine empirische Methode mit dem Ziel, aktuelle Phänomene in deren Kontext zu untersuchen. Sie generiert dabei nicht dieselben Ergebnisse, z.b. kausale Zusammenhänge, wie ein kontrolliertes Experiment, aber sie ermöglicht ein tieferes Verständnis der untersuchten Phänomene [43].

In der im Zuge dieser Arbeit durchgeführten Fallstudie sollen die Risikomanagement Methode und die Werkzeuge prototypisch in ersten Pilotprojekten eingesetzt und dabei die oben genannte Fragestellung nach Kosten und Nutzen untersucht werden. Eine komplette Einführung von Risikomanagement, wie in Kapitel „3.8 Einführung des Risikomanagements" beschrieben, ist nicht Inhalt der Fallstudie, obwohl im Zuge der Vorbereitung der Pilotprojekte viele Tätigkeiten durchgeführt werden, deren Ergebnisse auch für eine komplette Einführung verwendet werden können.

Die für die Fallstudie gewählte Vorgehensweise wurde bereits in Kapitel „1.6.4 Fallstudie durchführen" beschrieben, zusammengefasst sind die wesentlichen Schritte in der Fallstudie:

1. Konzeptionierung und Planung
2. Anpassung der Methoden und Checklisten an das Unternehmen
3. Auswahl der Pilotprojekte
4. Durchführung der Pilotprojekte

Bezugnehmend auf die Schritte bei einer Einführung, stoppt die Fallstudie vor der Implementierung der produktiven Werkzeuge. An diesem Punkt können Einsatzfähigkeit und Nutzen der Risikomanagement Methode und der Werkzeuge bereits ausreichend beurteilt werden.

## 5.2 Auswahl und Beschreibung des Falles

Die Fallstudie wurde in der cubido business solutions gmbh durchgeführt. In diesem Unternehmen ist der Autor seit fünf Jahren als Programmierer und Projektleiter tätig, hier entstand auch die Idee zur Entwicklung einer neuen Risikomanagement Methode für KMU. In der cubido ist die Fallstudie der erste Teil eines länger laufenden kompletten Einführungsprojektes mit dem Ziel, Risikomanagement in allen Projekten zu verankern.

### 5.2.1 Vorstellung cubido business solutions gmbh

Die cubido business solutions gmbh (kurz „cubido" genannt) ist ein Software Dienstleistungsunternehmen mit Sitz in Leonding bei Linz. Sie wurde 2005 gegründet, hat 27 Mitarbeiter und einen Jahresumsatz von zuletzt 3 Mio. EUR [44]. Cubido ist Microsoft Gold Partner und setzt sämtliche Lösungen auf Basis von Microsoft Technologien um. Geschäftsbereiche der cubido sind:

- Programmierung von individuellen Softwarelösungen
- Umsetzung von Unternehmensportalen auf Basis Microsoft Sharepoint
- Entwicklung von Business Intelligence Lösungen
- Beratung im Bereich Softwareentwicklung und Application Lifecycle Management

### 5.2.2 Projekte in der cubido

Den größten Anteil am Unternehmensumsatz erwirtschaftet die cubido mit der Umsetzung von Softwareentwicklungsprojekten. Diese haben im Schnitt eine Größe von 40 – 100 Personentagen Entwicklungsaufwand und eine Durchlaufzeit von 4 - 8 Monaten. In der Regel umfassen die Projektteams 2 – 4 Personen.

Die Umsetzung der Projekte folgt keinem aus der Literatur bekannten Vorgehensmodell. Wie in vielen kleinen Softwareunternehmen werden die Projekte sehr agil umsetzt, d.h. das Vorgehen weist folgende Charakteristika auf:

- **Flexible Anpassung des Vorgehensmodells an den konkreten Kunden und die Anforderungen:** Je nach Größe und Art des Projektes und der Anforderungen des Kunden wird der Grad an Strukturiertheit, Dokumentation etc. in jedem Projekt neu festgelegt.

- **Der Einsatz von strukturierten Projektmanagement Methoden ist auf einzelne Aufgabenbereiche beschränkt:** In der cubido werden definierte und dokumentierte Prozesse vor allem im Aufgabenmanagement sowie in Zeiterfassung und Aufwandskontrolle eingesetzt.

- **Geringer Aufwand für Projektleitung, wenig schriftliche Dokumentation:** Durch die geringe Teamgröße, die kurzen Kommunikationswege und die sehr hohe Qualifikation der Entwickler kann der Aufwand für Projektmanagement gering gehalten werden, selbiges gilt für den Grad an Schriftlichkeit und Projektdokumentation

- **Hohe Personenabhängigkeit von Projektleiter und Entwicklern:** Der Erfolg von Projekten hängt in hohem Maße von den beteiligten Entwicklern, der Erfahrung des Projektleiters und der konkreten Projektsituation ab.

Versucht man eine Einstufung der cubido nach den Reifegraden von CMMI [30], so befinden sich die meisten Prozesse auf den Stufen 1 (Initial) oder 2 (Geführt). Nur wenige Bereiche sind auf Stufe 3 (Definiert) und werden strukturiert und dokumentiert abgewickelt und laufend verbessert. Trotz (oder vielleicht gerade wegen) dieser wenig definierten Vorgehensweise ist die cubido sehr erfolgreich, praktisch alle Projekte werden positiv abgeschlossen und die Kundenzufriedenheit ist sehr hoch.

### 5.2.3 Zielsetzung des Risikomanagements in der cubido

Die Einführung von Risikomanagement ist in der cubido in eine strategische Initiative der Geschäftsführung zur Professionalisierung der Softwareentwicklung eingebettet. Cubido möchte durch ein professionelles Risikomanagement vor allem Folgendes erreichen:

- Erhöhung der Kundenzufriedenheit, durch höhere Qualität der Produkte
- Erhöhung des Kundenvertrauens während der Projekte
- Verbesserung des wirtschaftlichen Erfolges der Projekte (weniger Überschreitungen der geplanten Budget- und Zeitziele in den Projekten)

Eine detaillierte Aufstellung der Nutzenaspekte für die einzelnen Projektstakeholder wurde im Rahmen der Vorbereitung der Fallstudie erarbeitet und ist im Anhang unter „11.3.2 Nutzen durch das Risikomanagement" dokumentiert.

### 5.3 Beurteilung der Validität der gesammelten Daten

Bei der Beurteilung der gesammelten Daten und der Ergebnisse der Fallstudie ist zu berücksichtigen, dass die Studie nur in einem Unternehmen durchgeführt wurde. Es wurden insgesamt drei Pilotprojekte durchgeführt, bei zwei davon jedoch nur die erste Phase (Vorprojektphase), bei einem Projekt konnten sämtliche Risikomanagement Aktivitäten absolviert werden. Für die Interviews wurden drei Personen befragt, der Geschäftsführer des Unternehmens, der zugleich Vertriebsleiter ist, der zukünftige Risikomanager und ein Projektleiter.

### 5.4 Durchführung der Fallstudie

Die Durchführung der Fallstudie folgt der in Kapitel „3.8 Einführung des Risikomanagements" entworfenen Vorgehensweise, endet jedoch mit Abschluss der Pilotprojekte. Im folgenden Abschnitt werden die einzelnen Schritte bei der Ausführung der Fallstudie in der cubido kurz beschrieben.

#### 5.4.1 Konzipierung des Einführungsprojektes

In der ersten Phase wurden mit der Geschäftsführung Zielsetzungen, die Vision, das Umsetzungsteam und ein Basiszeitplan erarbeitet. Das Konzept wurde schriftlich dokumentiert und ist im Anhang unter „11.3 Konzeptdokument für Einführung Risikomanagement (Projektauftrag)" enthalten.

Das Umsetzungsteam für die Einführungsphase bestand aus dem Geschäftsführer, der zugleich Vertreter des Vertriebs war, einem Mitglied des Management Teams, der zukünftig Unternehmensrisikomanager werden wird, einem erfahrenen Projektleiter und dem Autor als wissenschaftlichem Betreuer und Coach.

Der Basiszeitplan für den in der Fallstudie abgedeckten Teil und das weitere Einführungsprojekt sah folgendermaßen aus (siehe Abbildung 44):

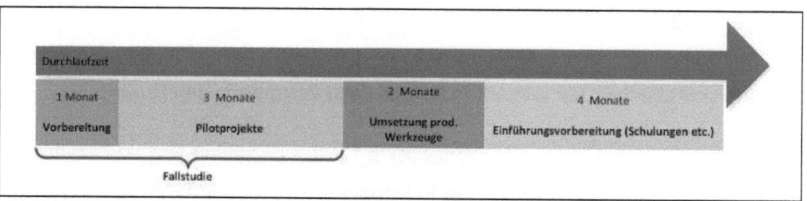

Abbildung 44 - Basiszeitplan für Durchführung der Fallstudie

Die Fallstudie konnte in der geplanten Zeit umgesetzt werden, zum Zeitpunkt der Erstellung dieser Arbeit befindet sich das Gesamteinführungsprojekt in der Einführungsvorbereitungsphase.

### 5.4.2 Anpassung der Risikomanagement Checklisten

Nach Abschluss der Planung wurden gemeinsam mit dem zukünftigen Risikomanager die Risikochecklisten für die einzelnen Projektphasen (P1-3, U) angepasst. Im Anhang „11.1 Checklisten für die einzelnen Prozessschritte" finden sich die überarbeiteten Checklisten. Bei Fragen, die im Zuge der Fallstudie neu hinzugenommen wurden, ist dies in der Quellenangabe zur Frage vermerkt.

### 5.4.3 Auswahl der Pilotprojekte

Da zu Beginn der Fallstudie kein einzelnes Projekt zur Verfügung stand, das in akzeptabler Zeit vollständig abgewickelt und aus Risikomanagement Sicht begleitet werden konnte, wurde beschlossen, die Validierung der einzelnen Risikomanagement Schritte auf mehrere Pilotprojekte aufzuteilen (siehe auch „3.8.6 Vorbereitung und Durchführung Pilotprojekte").

Es wurden zwei Projekte für die Evaluierung der Schritte in der Vorprojektphase (P1-3) ausgewählt, sowie parallel dazu ein Projekt, bei dem der letzte Schritt der Vorprojektphase (P3), sowie die gesamte Umsetzungsphase (U) und die Nachbereitungsphase (Projektreview) begleitet werden konnten.

### 5.4.4 Validierung und Verbesserung von Checklisten und Prototyp in Pilotprojekten

Im Zuge der Pilotprojekte wurden die definierten Risikoassessments durchgeführt und die der jeweiligen Projektphase entsprechenden Risikoprofile erstellt. An den Risikoassessments nahmen immer der Projektleiter des Projektes, sowie der Autor als Coach und Beobachter teil. Je nach Möglichkeit, nahm auch der Risikomanager teil, um selbst einen Eindruck vom Einsatz der Methode zu bekommen.

Im Zuge der Assessments wurden die Risikochecklisten ausgefüllt. Änderungen an Fragen wurden zum Teil sofort vorgenommen (Änderungen am Fragetext, die der Verständlichkeit dienten, sowie Erweiterungen der Erläuterungen). Neue Fragen bzw. das Löschen von Fragen wurden immer erst mit dem Risikomanager besprochen, getrennt von den Assessments in die Checklisten eingepflegt und standen dann erst beim nächsten Assessment zur Verfügung. Die Checklisten wurden so iterativ im Laufe der Pilotprojekte verbessert.

Der Werkzeugprototyp war bereits vorab während der Vorbereitungsphase erstellt worden. Im Zuge der Assessments wurden einige Verbesserungsvorschläge gefunden, diese betrafen vor allem den Bereich der Maßnahmenübersicht und den Bewertungsassistenten, sowie die Schaffung der Möglichkeit, projektindividuelle Risiken erfassen zu können.

Nach Abschluss der Pilotprojekte wurden die Interviews mit den beteiligten Personen geführt und die gesammelten Daten analysiert.

## 5.5 Ergebnisse der Fallstudie

### 5.5.1 Quantitative Kostenanalyse

#### 5.5.1.1 Aufwand für Vorbereitungsaktivitäten

Der in Tabelle 14 angeführte Aufwand entspricht dem Gesamtaufwand aller beteiligten Personen. Er umfasst sämtliche Aktivitäten, die nicht spezifisch für ein Projekt durchgeführt wurden, also z.B. Planung, Konzipierung, Anpassung der Methode und Werkzeuge etc. Datenbasis sind die Zeitaufzeichnungen aus der Fallstudie. Abbildung 45 (nächste Seite) zeigt die prozentuelle Verteilung des Aufwandes.

| Aufwand Vorbereitungsphase | Aufwand |
|---|---|
| **Workshops mit der Geschäftsführung** (Geschäftsführer, Risikomanager, Autor) | 10,0 h |
| **Erstellung des Konzeptes** (Autor) | 4,0 h |
| **Anpassung der Checklisten und Maßnahmenvorschläge** (Risikomanager, Autor) | 47,0 h |
| **Vorbereitung des Prototypen** (Autor) | 25,5 h |
| **Präsentationen für das ganze Unternehmen** (Autor) | 9,5 h |
| **Summe** | **96,0 h** |

Tabelle 14 - Aufwand für die Vorbereitung der Risikomanagementeinführung

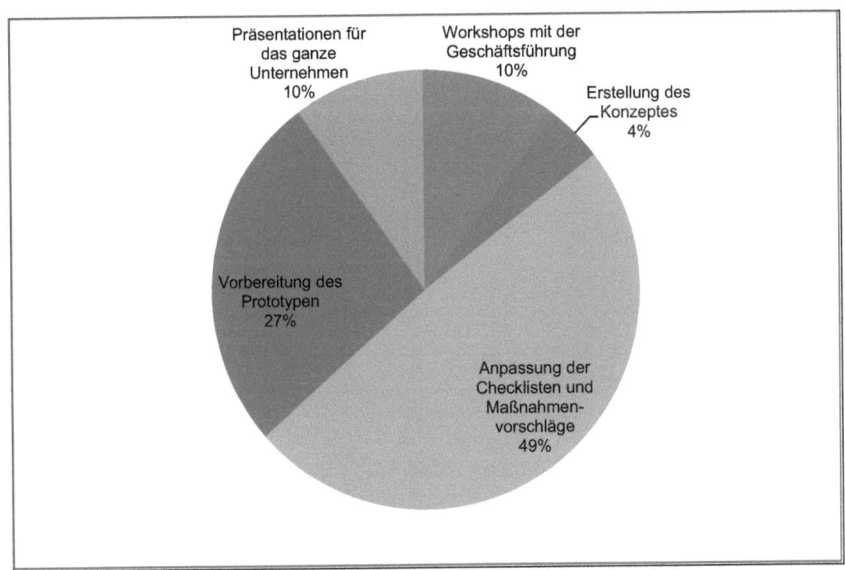

Abbildung 45 - Verteilung des Aufwands für die Vorbereitung der Fallstudie bzw. Risikomanagement Einführung

### 5.5.1.2 Aufwand in einem Projekt

Die in Tabelle 15 angeführten Aufwandsangaben sind Durchschnittswerte aus den Zeitaufzeichnungen zu den durchgeführten Projekten. Für die Risikoassessments in der Vorprojektphase sind dies drei Projekte, die Werte für Umsetzungs- und Nachprojektphase stammen aus einem Projekt. Als Vergleichswert: der Gesamtaufwand des vollständig durchgeführten Projektes betrug 52 Personentage, d.h. 416 h. Abbildung 46 (nächste Seite) zeigt die prozentuelle Aufteilung des Aufwandes auf die einzelnen Projektphasen.

| Aufwand in einem Projekt | Aufwand je Person für ein Assessment | Aufwand gesamt |
|---|---|---|
| **Grobes Risikoprofil (P1)** Einmalig, 2 Personen | 0,5 h | 1,0 h |
| **Feines Risikoprofil (P2)** Einmalig, 2 Personen | 4,5 h | 9,0 h |
| **Detailliertes Risikoprofil (P3)** Einmalig, 2 Personen | 2,5 h | 7,0 h |
| **Vorprojektphase gesamt** | 7,5h | 17,0h |

| | | |
|---|---|---|
| **Umsetzung (U)**<br>Drei Iterationen, je 2 Personen | 2,5 h | 15,0 h |
| **Umsetzungsphase gesamt** | **7,5h** | **17,0h** |
| **Projektreview**<br>Einmalig, 5 Personen | 4,5 h | 22,5 h |
| **Nachprojektphase gesamt** | **4,5h** | **22,5h** |
| **Projekt gesamt** | **14,5 h** | **54,5 h** |

Tabelle 15 - Aufwand für Einsatz von Risikomanagement in einem Projekt

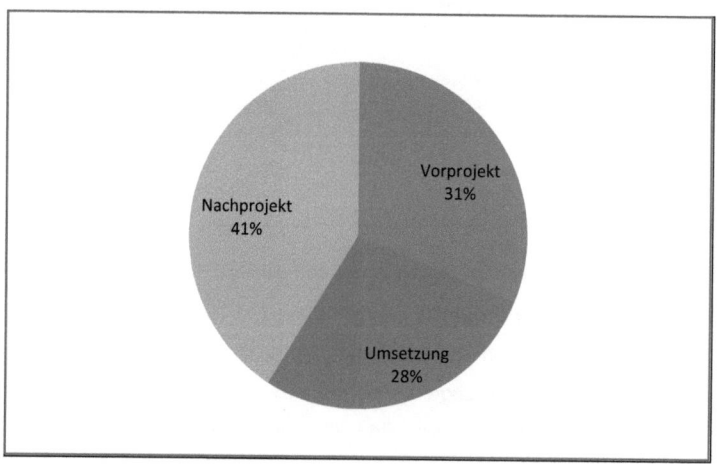

Abbildung 46 – Aufwandsverteilung auf die einzelnen Projektphasen (Vorprojekt, Umsetzung, Nachprojekt)
bezogen auf den Gesamtaufwand für Risikomanagement

### 5.5.1.3 Anteil für Risikomanagement am Gesamtprojektaufwand

Tabelle 16 zeigt den Anteil des Aufwandes für Risikomanagement am Gesamtprojektaufwand. Datenbasis sind die Zeitaufzeichnungen aus der Fallstudie und dem Projekt.

| Kennzahl | Aufwand [h] | Anteil am<br>Gesamtaufwand [%] |
|---|---|---|
| Gesamtaufwand Projekt | 416,0 h | 100,0 % |
| Davon Gesamtaufwand für<br>Risikomanagement | 54,5 h | 13,1% |

Tabelle 16 - Anteil des Aufwands für Risikomanagement am Gesamtprojektaufwand

### 5.5.2 Quantitative Nutzenanalyse

#### 5.5.2.1 Anzahl der Risiken mit Risikowert > 0

Tabelle 17 beinhaltet eine Auswertung der Risikobewertungen. Datenbasis hierfür sind die Aufzeichnungen sämtlicher Risikoprofile der drei Pilotprojekte aus der Fallstudie.

| Kennzahl | Wert |
|---|---|
| Anzahl Projekte | 3 |
| Anzahl Risikoprofile | 12 |
| Anzahl bewerteter Risiken | 340 |
| Anzahl Risiken mit Bewertung > 0 | 177 |
| Anzahl Risiken mit Bewertung > 3 | 68 |
| **Anzahl Risiken mit Bewertung > 0 an Gesamtanzahl Risiken** | **52%** |
| Anzahl Risiken mit Bewertung > 3 an Gesamtanzahl Risiken | 20% |

Tabelle 17 - Anteil Risiken mit Bewertung > 0 an Gesamtanzahl bewerteter Risiken

In Tabelle 18 ist dargestellt, wie sich die bewerteten Risiken auf die einzelnen Risikowerte verteilen.

| Risikowert | Anzahl (Anteil) |
|---|---|
| Kein Risiko | 163 (47,9%) |
| Minimales Risiko | 49 (14,4%) |
| Geringes Risiko | 60 (17,6%) |
| Merkliches Risiko | 53 (15,6%) |
| Erhebliches Risiko | 13 (3,8%) |
| Sehr hohes Risiko | 2 (0,6%) |

Tabelle 18 - Anzahl Bewerteter Risiken je Risikowert

### 5.5.2.2 Anzahl der definierten Maßnahmen

Tabelle 19 beinhaltet eine Auswertung der in den Assessments erfassten Maßnahmen. Datenbasis hierfür sind die Aufzeichnungen sämtlicher Risikoprofile der drei Pilotprojekte aus der Fallstudie. In der cubido ist das Festlegen von Maßnahmen für Risiken mit Bewertung > 3 verpflichtend.

| Kennzahl | Wert |
|---|---|
| Anzahl Projekte | 3 |
| Anzahl Risikoprofile | 12 |
| **Anzahl definierter Maßnahmen** | **172** |
| Anzahl Maßnahmen je Risiko (bezogen alle Risiken, für die Maßnahmen definiert wurden) | 2,4 |

Tabelle 19 - Anzahl definierter Maßnahmen

### 5.5.2.3 Anteil der Risiken mit geänderten Bewertungen

Tabelle 20 zeigt den Anteil der Risiken, deren Bewertungen sich im Projektverlauf geändert haben. Dieser Wert lässt Rückschlüsse zu, ob ein laufender Einsatz über das gesamte Projekt hinweg Nutzen bringt.

| Kennzahl | Wert |
|---|---|
| Anzahl Risiken, die über mehrere Assessments hinweg verfolgt wurden | 76 |
| **Anteil der Risiken, deren Bewertung sich verändert hat** | **14,4%** |
| Anteil der Risiken, deren Bewertung sich verringert hat, bezogen auf Gesamtzahl der veränderten Risiken | 75% |
| Anteil der Risiken, deren Bewertung sich erhöht hat, bezogen auf Gesamtzahl der veränderten Risiken | 25% |

Tabelle 20 – Anteil der Risiken, deren Bewertung sich im Projektverlauf geändert hat

### 5.5.3 Zusammenfassung der Ergebnisse der quantitativen Analyse

Die in den vorangegangenen Tabellen und Diagrammen dargestellten Ergebnisse können wie folgt zusammengefasst werden:

- In der Vorprojektphase musste mit ca. 2 PT relativ viel Zeit ins Risikomanagement investiert werden, ca. genauso viel Zeit floss in die Nachprojektphase mit dem Projektreview. Das Risiko Monitoring während der Umsetzungsphase war vom Aufwand her vergleichsweise niedrig angesiedelt, da hier auf die im Vorprojekt geleistete Arbeit aufgesetzt werden konnte.

- Der Aufwand für das Risikomanagement insgesamt war mit 13% des Gesamtprojektaufwandes recht hoch. Durch mehr Erfahrung mit Methode und Werkzeugen kann dieser Wert möglicherweise gesenkt werden. Es wird jedoch vermutet, dass auch im Optimalfall mit 7 – 10% des Gesamtaufwandes für ein vollständiges Risikomanagement gerechnet werden muss.

- 20% aller Risiken wurden mit einem Wert von 3 („Merkliches Risiko") oder höher bewertet, den Höchstwert von 5 („Sehr hohes Risiko") erhielten jedoch nur unter 1% aller Risiken.

- Wenn für ein Risiko Maßnahmen definiert wurden (was für Risiken mit Bewertung von 3 oder höher verpflichtend war), so wurden im Schnitt 2 – 3 Maßnahmen festgelegt.

- 14,4% aller Risiken veränderten ihre Bewertung im Laufe des Projektes. 75% davon wurden dabei entschärft (d.h. im Laufe der Zeit niedriger bewertet).

Nach dieser Auswertung des gesammelten Zahlenmaterials folgt nun im nächsten Abschnitt die Auswertung der geführten Interviews.

### 5.5.4 Qualitative Auswertung der Interviews

Nach Abschluss der Pilotprojekte wurden Interviews mit den beteiligten Ansprechpartnern der cubido geführt. Es waren dies der Geschäftsführer, Wolfgang Ennikl, der Projektleiter des komplett begleiteten Pilotprojektes Christian Gschnell und der zukünftige Risikomanager David Mariacher.

Auf die Frage, ob durch das Risikomanagement zusätzliche Risiken aufgedeckt wurden und ob es die Planung und Handlungen im Projekt beeinflusste, war die übereinstimmende Meinung, dass zwar keine wesentlichen neuen Risiken gefunden wurden, jedoch die bereits wahrgenommen Risiken sehr klar und deutlich hervortraten. „Durch die Fragen findet man natürlich schon heraus, wo denn noch ein Risiko auftauchen könnte, aber im Wesentlichen waren jetzt nicht so die großen neuen Risikoquellen dabei, sondern was es eigentlich wirklich gezeigt hat ist, wo das Risiko dann wirklich liegt." so der Vertriebsleiter und der zukünftige Risikomanager ergänzt: „Also neu, würde ich jetzt nicht sagen. Aber die Risiken sind auf alle Fälle sehr prominent hervorgetreten und haben sich damit quasi aufgedrängt, so dass wir uns wesentlich intensiver um sie gekümmert haben.". Durch diese bessere Wahrnehmung der Risiken wurden vor allem die Aufwandsschätzungen beeinflusst, was dann im Ergebnis zu geringeren Plan / Ist Abweichungen bei den Projektaufwänden führte. Der Vertriebsleiter dazu: „Wir haben dann diese Punkte entsprechend von der Aufwandsschätzung anders bewertet. […] Und wenn man sich die letzten Projekte anschaut, die wir jetzt umgesetzt haben, dann haben wir eigentlich eine ganz gute Landung gemacht.". Der Risikomanager führt dabei auch Anpassungen in der Projektablaufplanung und eine klarere Kommunikation mit dem Kunden als Konsequenz aus der Risikoanalyse an: „Also das Vorgehensmodell haben sie einmal beeinflusst. Das heißt, in einem konkreten Fall Umstellung von Fixpreis Vorgehensmodell auf Time and Material. Eigentlich einen Schritt zurück im quasi Angebotsprozess, weil ich das Thema dann mit dem Kunden aktiv abgestimmt habe und explizit nochmal darauf hingewiesen habe. Das heißt, da ist auch eine erhöhte Kommunikation mit dem Kunden passiert, auf einer nicht fachlichen Ebene."

Ein wesentlicher Kernpunkt der in dieser Arbeit vorgestellten Methode ist die Integration bereits ab der ersten Vertriebsaktivität zum Projekt. Das Risikomanagement in dieser Phase wurde von allen Beteiligten als besonders wichtig hervorgehoben, obwohl in allen Projektphasen Risiken identifiziert werden konnten. Der beteiligter Projektleiter hierzu: „Ich versuche das Projekt wirklich zu durchleuchten, meine Risiken vorab schon zu erkennen und dann investiere ich viel Zeit in die Angebotsphase, die mir dann wieder zugutekommt". Der Risikomanager der cubido meint zu Einsatz und Nutzen von Risikomanagement über die ganze Projektlaufzeit: „Also in der Konzeptionsphase war es ein Thema, in der

Umsetzungsphase war es auch ein Thema, in der Produktivsetzungsphase, oder in der Testphase, war es Thema, auch wenn wir es da noch genauer hätten verfolgen sollen". Der Projektleiter führt hier an, dass die Risiken im Projektverlauf sukzessive in ihre Bewertung geringer wurden: „[Es] sind am Anfang die Risiken erkannt worden und dann sukzessive geringer geworden. Einfach aufgrund dessen, dass sich immer mehr herauskristallisiert hat, wohin der Weg führt."

Die Vollständigkeit der Risikoabdeckung durch die Checklisten wurde ebenfalls durchwegs positiv bewertet. Der Vertriebsleiter merkte hierbei an, dass die bloße Identifikation eines Risikos alleine kein Garant für einen besseren Projekterfolg ist, wenn dann die Bewertung des Risikos zu gering ausfällt: „Und solche Sachen haben wir zwar in der Checkliste drinnen, Wie stabil ist das Ganze, aber da haben wir uns sicher immer noch um 25 - 30 Prozent verschätzt, was diesen Bereich betrifft.".

Die Frage nach der Einsatzbarkeit im Projektalltag ist aus Sicht der Praktiker sehr eng mit dem Aufwand und dem wahrgenommenen Nutzen verknüpft. „Ich glaube für kleine Projekte ist der Aufwand an der oberen Grenze, für große Projekte aber rechtfertigt er sich auf alle Fälle. Das wird auch das grundsätzliche Akzeptanzthema sehr stark bestimmen." meint der Risikomanager. Der Projektleiter sieht vor allem einen projektübergreifenden Nutzen aus dem Risikomanagement „Aufwand und Kosten waren jetzt nicht überragend hoch. Von da her braucht es nur einen gewissen Sicherheitseffekt haben, der sich über alle Projekte gesamt rentiert.". Methodisch merkt er an, dass es zum Teil sehr mühsam und sogar fehleranfällig ist, dieselben Fragen im Laufe des Projektes immer wieder zu beantworten: „Und weil es eben mühsam ist, und weil es in den meisten Fällen dieselbe Antwort wieder gibt, tendiert man dazu, dass man alleine mit den ersten Worten der Fragestellung irgendwie schon sagt: Ja, passt eh, wie gehabt.". Hier sieht der Projektleiter noch Verbesserungsbedarf. Interessant ist seine Einschätzung, welche Projekte am meisten von Risikomanagement profitieren können: „Besonders erfolgreich ist es, wo es um konkrete Kosten- oder Zeitzusagen geht, bei am Tisch liegenden Features, die man benötigt." und „Bei einem Fixpreisprojekt ist der mögliche Schaden, wenn wir ein Risiko übersehen, natürlich noch gravierender aus finanzieller Sicht. Von da her sehe ich einmal dort den hauptsächlich positiven Effekt."

Den zukünftigen Einsatz von Risikomanagement in der cubido sehen alle drei Befragten sehr positiv. Der Projektleiter sieht dabei den Nutzen vor allem in einer verbesserten Kommunikation mit dem Kunden: „Ich versuche, möglichst erstens selbst aufmerksam zu werden auf Probleme und Herausforderungen, die sich ergeben. Und auch den Kunden dann möglichst früh darauf aufmerksam zu machen. Natürlich deswegen, weil der Kunde einfach zu einem Drittel der vereinbarten Projektlaufzeit noch viel eher akzeptiert: da gibt es Herausforderungen, an die man nicht gedacht hat, gemeinsam nicht gedacht hat.". Für ihn ist auch das Lernen von Projekt zu Projekt und von Team zu Team ein wesentlicher Nutzen aus einem strukturierten Risikomanagement: „Man hat Erfahrung, die hätte man auch ohne Risikomanagement Prozess. Aber man vergisst sie vielleicht leichter, man hat sie vielleicht nicht schriftlich in dieser Form dokumentiert und projektfremde Personen werden über die Risiken von anderen Projekten per Definition nicht richtig aufgeklärt. Mit dem Risikomanagement hat man zumindest die Möglichkeit, nachzuschauen: wie hat es bei diversen Projekten ausgeschaut und das wäre durchaus das Ziel, dass jeder, der mit Angebotslegung betraut ist, auch weitestgehend alle Dokumente vom Risikobewertungsprozess und vor allem auch von einem finalen Dokument, in dem steht: wo sind die Probleme bei einem anderen Projekt gelegen, durchgeht. Dass man sich die einfach immer wieder vor Augen führt". Der Geschäftsführer der cubido ergänzt: „Das Risikoprofil, das ich herausbekomme, hilft ganz einfach, das Projekt auch wirklich auf der Kosten- oder Ertragsseite entsprechend zu bewerten. Und zwar im Vorfeld. Und somit hat das für mich einen direkten Nutzen, der sich im Ergebnis einfach wiederspiegelt. Und daher werden wir Risikomanagement absolut einsetzen".


**Zusammenfassung:** Im letzten Kapitel wurden Durchführung und Ergebnisse der Fallstudie präsentiert. Als Abschluss der Arbeit folgen nun eine kurze Zusammenfassung der Arbeit, mein persönliches Resümee und ein Ausblick auf weitere Forschungsideen, die sich im Zuge dieser Diplomarbeit ergaben.

# 6 SCHLUSSBEMERKUNGEN

Ein Softwareentwicklungsprojekt birgt viele Risiken in sich. Gerade in kleinen und mittleren Unternehmen werden diese Risiken meist nicht strukturiert überwacht und behandelt, wodurch ein hoher Anteil der Projekte zumindest einen Teil seiner Ziele nicht erreicht. In dieser Diplomarbeit wurde auf Basis wissenschaftlicher Literatur eine Risikomanagement Methode speziell für KMU Softwareunternehmen entworfen, Werkzeuge dafür konzipiert und Methode und Werkzeugprototypen in einer Fallstudie validiert.

Die zu Beginn durchgeführte Literaturanalyse bildete das Fundament für das Gelingen der Arbeit. Themenbereiche wie die optimale Integration von Risikomanagement in die agilen und flexiblen Entwicklungsprozesse eines KMU oder die inhaltliche Gestaltung der verwendeten Checklisten wurden auf Grundlage bestehender Forschungsergebnisse bearbeitet und mit der praktischen Erfahrung des Autors und den Ergebnissen der Fallstudie zu einer neuen Methode verbunden.

Wurden die in der Einleitung zu dieser Arbeit formulierten Ziele erreicht? Im ersten Teil der Diplomarbeit wurden die grundlegenden Problemstellungen und Lösungskonzepte auf Basis des aktuellen Stands der Wissenschaft dargestellt. Darauf aufbauend wurde dann eine Methode für Risikomanagement in KMU Softwareunternehmen vorgestellt und die dafür notwendigen Werkzeuge beschrieben. Die Methode und die Werkzeuge wurden in einer Fallstudie validiert, welche im letzten Teil der Arbeit dokumentiert ist. Die Ergebnisse der Fallstudie haben gezeigt, dass die hier entworfene Risikomanagement Methode in KMU Projekten einsetzbar ist und wertvolle Beiträge zur Verhinderung ungeplanter Budget- und Zeitüberschreitungen, zur Steigerung der Qualität des Produktes und des Vertrauens und der Zufriedenheit des Kunden liefern kann.

Gerade im Zuge des praktischen Einsatzes in der Fallstudie haben sich einige interessante Anknüpfungspunkte für weiterführende Forschungsarbeiten ergeben. So hat sich gezeigt, dass die standardisierten Checklisten zwar den Großteil der Risiken recht gut finden helfen können, es in jedem Projekt aber sehr spezifische Risiken gibt, für deren Identifikation kreativere Methoden gefragt sind. Ein weiterer Punkt für zukünftige Forschung wären Möglichkeiten zur Reduzierung des Aufwands für

Risikomanagement. Für KMU ist ein geringer Overhead für Projektleitung ein wichtiger Wettbewerbsvorteil, hier gibt es definitiv noch Optimierungspotenzial.

Ich persönlich konnte gerade in der Fallstudie wesentliche Erfahrungen sammeln, wie Risikomanagement die tägliche Arbeit von Projektleitung und vor allem des Vertriebs verändert. Der Blick auf das Projekt wird geschärft, Informationen viel kritischer hinterfragt und so manche wohl zu optimistische Annahme und Aufwandsschätzung revidiert. Gerade die Integration in die Vorprojekt- und Vertriebsphase hat sich in den ersten Pilotprojekten als sehr nutzbringend herausgestellt und ich bin gespannt, wie sich die in dieser Arbeit entwickelte Risikomanagement Methode für KMU im zukünftigen Projektalltag der cubido bewähren wird.

# 7 GLOSSAR

| Begriff | Erklärung |
|---------|-----------|
| IOC | Initial Operational Capability. Meilenstein in der Softwareentwicklung, bei dem das Produkt fertig implementiert, getestet und installiert und für den Produktiveinsatz bereit ist [35]. |
| Iteration | Allgemein: Ein Zyklus im Rahmen der Umsetzung eines Softwareprojektes. Im Risk Profiler: Eine Iteration entspricht einem Schritt im RM Prozess (P1, P2, P3 und U). |
| KMU | „Die Größenklasse der Kleinstunternehmen sowie der kleinen und mittleren Unternehmen (KMU) setzt sich aus Unternehmen zusammen, die weniger als 250 Personen beschäftigen und die entweder einen Jahresumsatz von höchstens 50 Mio. EUR erzielen oder deren Jahresbilanzsumme sich auf höchstens 43 Mio. EUR beläuft." [6] |
| LCA | Life Cycle Architecture. Meilenstein in der Softwareentwicklung, bei dem die Spezifikation und Architektur abgeschlossen ist, und die Machbarkeit feststeht [35]. |
| LCO | Life Cycle Objectives. Meilenstein in der Softwareentwicklung, bei dem die wesentlichen Ziele der Stakeholder und die Rahmenbedingungen abgestimmt sind [35]. |
| Lessons Learned | Lessons Learned "bezeichnet die schriftliche Aufzeichnung und das systematische Sammeln, Bewerten und Verdichten von Erfahrungen, Entwicklungen, Hinweisen, Fehlern und Risiken in Projekten" [45]. Im Kontext dieser Arbeit sind Lessons Learned die gesammelten Erfahrungsinhalte, was in einem Projekt gut gelaufen ist und für andere Projekte übernommen werden soll und was schlecht gelaufen und in Zukunft zu vermeiden ist. |

| | |
|---|---|
| Methode | Handlungsvorschrift zur Lösung eines Problems. Basiert auf Regeln [13] |
| Metrik | Ein Maßzahlsystem zur Messung der „Eigenschaft eines Objekts, deren Ausprägung (Messwert) mit einer geeigneten Messmethode ermittelt werden kann" [13] |
| PL | Projektleiter |
| PMA | Postmortem Analyse. Siehe Postmortem |
| Postmortem | Methode zur Analyse von Projekten mit dem Ziel, daraus zu lernen. Erfahrungen werden geteilt, und Verbesserungsmöglichkeiten für die Zukunft erarbeitet. Postmortems sind der Ausgangspunkt von Veränderungen [20]. |
| Projektreview | Siehe Postmortem |
| PT | Personentag. Ist eine Einheit zur Messung von Aufwänden und entspricht 8 Arbeitsstunden |
| Risiko | Die Wahrscheinlichkeit des Eintretens eines unerwünschten Ereignisses in einem bestimmten Zeitraum und der mit dem Ereignis verbundene Schaden, also Eintrittswahrscheinlichkeit mal Schadenshöhe des Ereignisses [13] |
| Risikokorridor | Bereich, in dem sich das Gesamtrisiko eines Projektes bewegen muss. |
| Risiko- management | Ein Management Prozess, der aus den Aufgaben Identifikation, Analyse, Planung, Kontrolle, Steuerung und Kommunikation von Risiken besteht [4] |
| SME | Small and medium-sized enterprises. Siehe KMU. |

# 8 LITERATURVERZEICHNIS

[1] L. Eveleens und C. Verhoef, „The Rise and Fall of the Chaos Report Figures," IEEE, Amsterdam, 2010.

[2] J. S. Reel, „Critical Success Factors In Software Projects," IEEE, 1999.

[3] S. Islam und S. H. Houmb, „Integration Risk Management Activities into Requirements Engineering," IEEE, München, Norwegen, 2010.

[4] R. Higuera und Y. Haimes, „Software Risk Management," Software Engineering Institute, Pittsburg, 1996.

[5] M. Schindler und M. Eppler, „Harvesting project knowledge a review of project learning methods and success factors," *International Journal of Project Management 21*, p. 219–228, 2003.

[6] E. Kommission, Die neue KMU-Definition - Benutzerhandbuch und Mustererklärung, Brüssel, 2006.

[7] A. Fuller, P. Croll und O. Garcia, „Why Software Engineering is Riskier than Ever," IEEE, Wollongong, 2001.

[8] M. Sivashankar, A. Kalpana und A. Jeyakumar, „A Framework approach using CMMI for SPI to Indian SME's," IEEE, Salem, 2010.

[9] M. Carr, S. Konda, I. Monarch, C. Ulrich und C. Walker, „Taxonomy-Based Risk Identification," Software Engineering Institute, Pittsburgh, 1993.

[10] B. Boehm, „Software Risk Management: Principles and Practices," IEEE, 1991.

[11] „Digitale Bibliothek," 2011. [Online]. Available: http://www.jku.at/UB/content/e997/. [Zugriff am 2011].

[12] J. Nyfjord und M. Kajko-Mattsson, „Outlining a Model Integrating Risk

Management and Agile Software Development," IEEE, Stockholm, 2008.

[13] L. Heinrich und F. Roithmayr, Wirtschaftsinformatik-Lexikon, München, Wien: Oldenbourg Verlag, 1998.

[14] K. Schmidt, „IT-Risikomanagement," in *Handbuch IT-Management*, München, Carl Hanser Verlag, 2009, pp. 537-574.

[15] L. Wallace, M. Keil und A. Rai, „How Software Project Risk Affects Project Performance: An Investigation of the Dimensions of Risk and an Exploratory Model," *Decision Sciences Vol. 35 No. 2*, 2004.

[16] M. Junginger und H. Krcmar, „IT Risk Management – Fit für E-Business?," in *Information Age Economy*, Heidelberg, Physica-Verlag, 2001, pp. 295-408.

[17] G. Roy, „A Risk Management Framework for Software Engineering Practice," IEEE, Perth, 2004.

[18] A. Tiwana und M. Keil, „The One-Minute Risk Assessment Tool," *Communications of the ACM, Vol. 47, No. 11*, pp. 73-77, 2004.

[19] K. C. Desouza, T. Dingsøyr und Y. Awazu, „Experiences with Conducting Project Postmortems: Reports vs. Stories and Practitioner Perspective," IEEE, Hawaii, 2005.

[20] A. Birk, T. Dingsøyr und T. Stålhane, „Postmortem: Never Leave A Project Without It," IEEE, Norwegen, 2002.

[21] B. Collier, T. De Marco und P. Fearey, „A Defined Process For Project Postmortem Review," 1996.

[22] N. Kerth, Postmortem: Projekte erfolgreich auswerten, Bonn: mitp-Verlag, 2003.

[23] B. Boehm, „Spiral Development: Experience, Principles, and Refinements," IEEE, Pittsburgh, 2000.

[24] K. Schwaber, „SCRUM Development Process," Burlington, 1997.

[25] Diverse, „Spiralmodell," http://de.wikipedia.org/wiki/Spiralmodell, 2008. [Online]. Available: http://de.wikipedia.org/wiki/Spiralmodell. [Zugriff am 27 07 2011].

[26] W. H. Güttel, „Architekturen der Verhaltenssteuerung: Human Resource Management, Change Management and Leadership; Teil 3: Routinen und (Entscheidungs-)regeln als Bausteine der Organisation," Linz, 2011.

[27] W. H. Güttel, „Architekturen der Verhaltenssteuerung: Human Resource Management, Change Management and Leadership; Teil 10: Wissen und Lernen," Linz, 2011.

[28] L. J. Heinrich, Informationsmanagement, München: Oldenbourger Verlag, 2002.

[29] D. Huang und W. Zhang, „CMMI in Medium & Small Enterprises: Problems and Solutions," IEEE, Guiyang, 2010.

[30] CMMI Product Team, „CMMI for Development, Version 1.3," Software Engineering Institute, Pittsburg, 2010.

[31] Wikipedia, „Capability Maturity Model Integration," [Online]. Available: http://de.wikipedia.org/wiki/Capability_Maturity_Model_Integration. [Zugriff am 21 09 2011].

[32] R. Dash und R. Dash, „Risk Assessment Techniques for Software Development," *European Journal of Scientific Research,* pp. 629-636, 2010.

[33] S. Delany und P. Cunningham, „The Application of Case-Based Reasoning to Early Software Project Cost Estimation and Risk Assessment," Dublin, 2000.

[34] V. Basili, G. Caldiera, F. McGarry, R. Pajeraki, G. Page und S. Waligora, „The Software Engineering Laboratory — An operational Software Experience Factory," ACM, Maryland, 1992.

[35] B. Boehm, „Anchoring the Software Process," California, 1996.

[36] A. Baaz, L. Holmberg, A. Nilsson, H. Holmström Olsson und A. Sandberg, „Appreciating Lessons Learned," IEEE, Schweden, 2010.

[37] R. K. Streich, „Lust und Frust im Changeprozess," *strategy,* Nr. 10, 2003.

[38] J. P. Kotter, „Leading Change: Why Transformations Fail," *Harvard Business Review,* Nr. March-April, 1995.

[39] E. Kübler-Ross, On Death and Dying, Tavistock, 1970.

[40] R. Connor und S. Dovers, Instituational Change for Sustainable Development, UK: Eward Elgar Publishing Limited, 2004.

[41] D. Formann, *LVA "Veränderungsmanagement in Organisationen",* Linz, 2011.

[42] IBM Rational, „Rational Unified Process - Best Practices for Software Development Teams," IBM, 2001.

[43] P. Runeson und M. Höst, „Guidelines for conducting and reporting case study research in software engineering," Springer, Lund, 2008.

[44] cubido business solutions gmbh, „cubido Homepage," cubido business solutions gmbh, 2011. [Online]. Available: http://www.cubido.at. [Zugriff am 04 10 2011].

[45] Wikipedia, „Lessons Learned," [Online]. Available: http://de.wikipedia.org/wiki/Lessons_Learned. [Zugriff am 01 11 2011].

# 9 ABBILDUNGSVERZEICHNIS

# 10 TABELLENVERZEICHNIS

# 11 ANHANG

## 11.1 Checklisten für die einzelnen Prozessschritte

Im Folgenden werden die Checklisten für die einzelnen Risikomanagement Prozessschritte dargestellt. Es werden dabei folgende Informationen angegeben:

- **Bereich (Gruppenüberschrift, hellgrau hinterlegt):** Risikobereich, zu dem das Risiko gehört
- **Titel (fett) und Beschreibung:** Titel des Risikos und Beschreibung möglicher Symptome, Schadenswirkungen etc. Die Beschreibung soll es dem Benutzer ermöglichen, Risiken gegeneinander abzugrenzen und Ideen liefern, ob das Risiko zutrifft.
- **Quellen:** Die Quellen, aus denen das Checklistenrisiko entnommen wurde. Bei englischen Quellen wurde das Risiko vom Autor ins Deutsche übersetzt. Alle Checklisten wurden bereits in mehreren Projekten verwendet (siehe „5 Fallstudie zur Validierung von Methode") und vor allem aus Gründen der Verständlichkeit und Abgrenzung an die Verwendung in KMU angepasst. Manche Risiken entstammen nicht der wissenschaftlichen Literatur, sondern der langjährigen Erfahrung des Autors bzw. ergaben sich im Zuge der Fallstudie als immer wiederkehrende Risiken. Diese sind mit „Erfahrung des Autos / Fallstudie" in der „Quellen" Spalte" gekennzeichnet.

### 11.1.1 P1: Grobes Risikoprofil nach Erstkontakt zu Projekt

| Checklistenfrage (Titel und Beschreibung, gruppiert nach Bereich) | Quellen |
|---|---|
| **Vorgehensmodell und Methoden**<br>Das Vorgehensmodell ist nicht geeignet, ein Projekt dieser Art erfolgreich abzuwickeln (zu wenig Personal, Anforderungen können nicht behandelt werden, zu groß, …). Planung und Kontrolle sind sehr schwierig. | [18], [15] |
| **Projektleiter und Team**<br>Projektleiter und Team haben wenig oder keine Erfahrung mit Projekten dieser Art und Größe (organisatorisch, fachlich) und sind nicht in der Lage, ein Projekt dieser Art erfolgreich umzusetzen (fehlendes Know-How, fehlende Management Kompetenzen, …) | [18], [15] |

| Kunde und Ansprechpartner | [18], [15] |
|---|---|
| Die Arbeitsweise des Kunden verhindert den Projekterfolg (politische Gründe, versteckte Anforderungen, zu wenig Interesse, …). Der Kunde und die Ansprechpartner sind neu und / oder haben kaum Zeit, sich in das Projekt einzubringen. | |
| **Erfahrung** | [18] |
| Es wurden noch keine ähnlichen Projekte dieser Art erfolgreich abgeschlossen (technisch, inhaltlich). Im Laufe des Projektes treten unerwartete Probleme auf (Technologie, fachliche Anforderungen, organisatorische Probleme, …). Das Projektteam kann dem Kunden nicht die richtigen Fragen stellen. | |
| **Komplexität** | [18], [15] |
| Das Projekt bildet viele anspruchsvolle Prozesse ab, es sind viele zusammenhängende Funktionen gefordert, die Technologie ist komplex, es gibt viele Interaktionen mit anderen Systemen. Die Qualitätssicherung ist nicht geeignet für ein Projekt dieser Art. | |
| **Anforderungen** | [18], [15] |
| Die Anforderungen sind grob und unklar, es ist mit vielen Änderungen zu rechnen. Der Kunde ist unzufrieden mit dem Produkt, Aufwands- und Zeitziele können nicht eingehalten werden (falsche Anforderungen spezifiziert, viele Änderungen und dadurch Qualitätsprobleme, …). | |

### 11.1.2 P2: Feines Risikoprofil nach Anforderungsdefinition

In dieser Checkliste werden die Punkte aus P1 aufgegriffen und als Gruppierungsbereiche verwendet.

| Checklistenfrage (Titel und Beschreibung, gruppiert nach Bereich) | Quellen |
|---|---|
| **Vorgehensmodell und Methoden** | |
| **Das Projekt unterscheidet sich in Vorgehensmodell und Abwicklung deutlich von der beim Auftragnehmer gelebten Vorgehensweise.** | [33], [9] |
| Das Vorgehensmodell des Auftragnehmers ist nicht geeignet, ein Projekt dieser Art erfolgreich abzuwickeln (zu wenig Personal, Anforderungen können nicht behandelt werden, zu groß, …). | |
| **Der Zeitrahmen für das Projekt ist sehr knapp.** | Erfahrung des Autors / Fallstudie |
| Die für die Umsetzung zur Verfügung stehende Zeit ist sehr knapp bemessen. Es ist wenig bis kein Puffer für Verzögerungen oder ungeplante Ereignisse eingeplant. | |

## Projektleiter und Team

| | |
|---|---|
| **Der Projektleiter hat wenig oder keine Erfahrung im Führen von Projekten.** <br> Aufwands- und Zeitüberschreitung durch falsche / fehlende Führung. Probleme bei Erhebung der Anforderungen durch Kommunikationsfehler. | [33] |
| **Projektleiter und Team haben nur selten oder noch nie erfolgreich zusammengearbeitet.** <br> Kommunikationsfehler bei Aufgabendelegation, dadurch Aufwands- und Zeitprobleme. Es gibt soziale Spannungen und Konflikte im Team. | [33] |
| **Projektleiter und Team fehlt die Erfahrung in der Softwareentwicklung.** <br> Das Team ist nicht in der Lage gute Lösungen für neue Problemstellungen zu finden. | [33] |
| **Es sind externe Mitarbeiter beteiligt und übernehmen wesentliche Aufgaben.** <br> Gemeinsame Entwicklung am selben Ort ist nicht immer möglich. Wenn externe Mitarbeiter nicht mehr verfügbar sind, ist der Know-How Transfer schwierig. Externe Mitarbeiter verursachen bei ungeplanten Einsätzen hohe Kosten. | Erfahrung des Autors / Fallstudie |
| **Das Team bleibt während der Umsetzungszeit nicht stabil.** <br> Teammitglieder werden ausgetauscht oder gar ersatzlos abgezogen. | Erfahrung des Autors / Fallstudie |

## Kunde und Ansprechpartner

| | |
|---|---|
| **Das Projekt hat keine Unterstützung des Top Managements beim Kunden.** <br> Abbruch des Projektes bei Problemen, zu wenig Budget auf Kundenseite. | [33] |
| **Die Ansprechpartner auf Kundenseite kennen die Anforderungen nicht oder nur sehr vage.** <br> Probleme bei Anforderungsdefinition und zu wenig Feedback durch den Kunden. Missverständnisse und Widersprüche in den Anforderungen. | [33] |
| **Die Ansprechpartner auf Kundenseite sind für das Projekt nicht passend.** <br> Die Ansprechpersonen sind nicht erreichbar, verfügen nicht über das nötige Know-How oder die nötige Entscheidungskompetenz. | [33], Erfahrung des Autors / Fallstudie |

| | |
|---|---|
| **Endanwender sind nicht in das Projekt eingebunden.**<br>Aufwand und Zeit für späte Korrekturen durch falsch spezifizierte Anforderungen. | [33] |
| **Die Ansprechpartner auf Kundenseite haben noch nie an Softwareentwicklungsprojekten mitgearbeitet.**<br>Missverständnisse in organisatorischen Belangen, Ungeduld und Unverständnis des Kunden bei Problemen, hoher Kommunikationsaufwand, Kunde erwartet absolute Fehlerfreiheit. | [33] |
| **Das neue System ist für den Kunden geschäftskritisch.**<br>Kunde toleriert nicht einmal kleinste Fehler, hoher Testaufwand. | [33] |
| **Die Ansprechpartner auf Kundenseite versuchen die Umsetzung zu erschweren oder gar unmöglich zu machen.**<br>Aus eigenen oder politischen Interessen torpedieren die Ansprechpartner die Zusammenarbeit. Für Probleme wird immer der Auftragnehmer verantwortlich gemacht, die Zusammenarbeit ist wenig konstruktiv und feindselig geprägt. | Erfahrung des Autors / Fallstudie |

## Erfahrung

| | |
|---|---|
| **Projektleiter und Team fehlt Know-How aus technischer Sicht, es sind keine Erfahrungen in den benötigten Technologien vorhanden.**<br>Kosten- und Zeitüberschreitung durch Lernaufwand für technische Themen, das Team wird nicht in neuen Technologien geschult und hat auch nicht die Zeit bzw. das Know-How, sich dieses Wissen selbst anzueignen. | [33], [9] |
| **Projektleiter und Team haben noch keine oder wenig Erfahrung mit ähnlichen Projekten aus fachlicher Sicht.**<br>Kosten- und Zeitüberschreitung durch Lernaufwand für fachliche Themen, Missverständnisse mit dem Kunden. | [33] |
| **Der Projektleiter verwendet keine Werkzeuge für die Führung des Projektes.**<br>Fehlender Überblick für alle Projektmitarbeiter, dadurch zu spät erkannte Probleme. | [33], [9] |
| **Bei der Umsetzung können keine Werkzeuge eingesetzt werden, alles muss von Hand ausprogrammiert werden.**<br>Hoher Aufwand für manuelle Umsetzung, obwohl es mit Werkzeugunterstützung schneller ginge. Es können keine bestehenden Frameworks und Komponenten eingesetzt werden. | [33] |

| **Für die Umsetzung werden keine Standards verwendet.** | [33] |
|---|---|
| Qualitätsprobleme und Aufwand, weil Probleme nicht einheitlich gelöst werden. Es werden keine Programmierrichtlinien verwendet bzw. sind nicht vorhanden, keine Standardwerkzeuge und -protokolle und keine Standardvorgehensweisen. Vor allem bei größeren Teams sind Standards sehr wichtig. | |

## Komplexität

| **Es müssen viele andere Systeme eingebunden werden.** | [33] |
|---|---|
| Technische Probleme der Fremdsysteme, Wartezeiten durch Fremdsystemprobleme, Missverständnisse bei der Integration. | |
| **Das System beinhaltet viele Komponenten, Objekte, Masken und Interaktionen.** | [18], [9] |
| Das Projekt bildet viele Prozesse mit vielen Schritten ab, es sind viele zusammenhängende Funktionen gefordert, es gibt viele Interaktionen mit anderen Systemen. In der Umsetzung gibt es viele Schichten, Klassen und wechselseitige Aufrufe. Die Qualitätssicherung ist nicht geeignet für ein Projekt dieser Art. | |

## Anforderungen

| **Die Anforderungen sind sehr grob und unklar, es ist mit vielen Änderungen zu rechnen.** | [18], [15] |
|---|---|
| Hoher Aufwand und Zeitüberschreitungen durch nachträgliche Änderungen. | |

### 11.1.3 P3: Detailliertes Risikoprofil bei Konzept- und Angebotserstellung

| **Checklistenfrage** (Titel und Beschreibung, gruppiert nach Bereich) | **Quellen** |
|---|---|
| **Vorgehensmodell und Methoden** | |
| **Das Projekt unterscheidet sich in Vorgehensmodell und Abwicklung deutlich von der beim Auftragnehmer gelebten Vorgehensweise.** | [33], [9] |
| Vorgehensmodell des Auftragnehmers ist nicht geeignet, ein Projekt dieser Art erfolgreich abzuwickeln (zu wenig Personal, Anforderungen können nicht behandelt werden, zu groß, ...) | |
| **Der Zeitrahmen für das Projekt ist sehr knapp.** Die für die Umsetzung zur Verfügung stehende Zeit ist sehr knapp bemessen. Es ist wenig bis kein Puffer für Verzögerungen oder ungeplante Ereignisse eingeplant. | Erfahrung des Autors / Fallstudie |

| **Das Projekt ist pauschal (Fixpreis) angeboten, das Budget ist sehr knapp bemessen.**<br><br>Im Angebot muss eine Pauschalsumme angegeben werden, diese darf nur bei exakter Begründung und Abweichung von der ursprünglichen Spezifikation überschritten werden. Das Budget ist sehr knapp kalkuliert, es gibt keinen Puffer für Fehler und Überschreitungen. | Erfahrung des Autors / Fallstudie |
|---|---|

## Projektleiter und Team

| **Der Projektleiter hat wenig oder keine Erfahrung im Führen von Projekten.**<br><br>Aufwands- und Zeitüberschreitung durch falsche / fehlende Führung. Probleme bei Erhebung der Anforderungen durch Kommunikationsfehler. | [33] |
|---|---|
| **Projektleiter und Team haben nur selten oder noch nie erfolgreich zusammengearbeitet.**<br><br>Kommunikationsfehler bei Aufgabendelegation, dadurch Aufwands- und Zeitprobleme. Es gibt soziale Spannungen und Konflikte im Team. | [33] |
| **Projektleiter und Team fehlt die Erfahrung in der Softwareentwicklung.**<br><br>Das Team ist nicht in der Lage gute Lösungen für neue Problemstellungen zu finden. | [33] |
| **Es sind externe Mitarbeiter beteiligt und übernehmen wesentliche Aufgaben.**<br><br>Gemeinsame Entwicklung am selben Ort ist nicht immer möglich. Wenn externe Mitarbeiter nicht mehr verfügbar sind, ist der Know-How Transfer schwierig. Externe Mitarbeiter verursachen bei ungeplanten Einsätzen hohe Kosten. | Erfahrung des Autors / Fallstudie |
| **Das Team bleibt während der Umsetzungszeit nicht stabil.**<br>Teammitglieder werden ausgetauscht oder gar ersatzlos abgezogen. | Erfahrung des Autors / Fallstudie |

## Kunde und Ansprechpartner

| **Das Projekt hat keine Unterstützung des Top Managements beim Kunden.**<br><br>Abbruch des Projektes bei Problemen, zu wenig Budget auf Kundenseite. | [33] |
|---|---|
| **Die Ansprechpartner auf Kundenseite kennen die Anforderungen nicht oder nur sehr vage.**<br><br>Probleme bei Anforderungsdefinition und zu wenig Feedback durch den Kunden. Missverständnisse und Widersprüche in den Anforderungen. | [33] |

| | |
|---|---|
| **Die Ansprechpartner auf Kundenseite sind für das Projekt nicht passend.**<br><br>Die Ansprechpersonen sind nicht erreichbar, verfügen nicht über das nötige Know-How oder die nötige Entscheidungskompetenz. | [33], Erfahrung des Autors / Fallstudie |
| **Endanwender sind nicht in das Projekt eingebunden.**<br><br>Aufwand und Zeit für späte Korrekturen durch falsch spezifizierte Anforderungen. | [33] |
| **Die Ansprechpartner auf Kundenseite haben noch nie an Softwareentwicklungsprojekten mitgearbeitet.**<br><br>Missverständnisse in organisatorischen Belangen, Ungeduld und Unverständnis des Kunden bei Problemen, hoher Kommunikationsaufwand, Kunde erwartet absolute Fehlerfreiheit. | [33] |
| **Das neue System ist für den Kunden geschäftskritisch.**<br><br>Kunde toleriert nicht einmal kleinste Fehler, hoher Testaufwand. | [33] |
| **Die Ansprechpartner auf Kundenseite versuchen die Umsetzung zu erschweren oder gar unmöglich zu machen.**<br><br>Aus eigenen oder politischen Interessen torpedieren die Ansprechpartner die Zusammenarbeit. Für Probleme wird immer der Auftragnehmer verantwortlich gemacht, die Zusammenarbeit ist wenig konstruktiv und feindselig geprägt. | Erfahrung des Autors / Fallstudie |
| **Erfahrung** | |
| **Projektleiter und Team fehlt Know-How aus technischer Sicht, es sind keine Erfahrungen in den benötigten Technologien vorhanden.**<br><br>Kosten- und Zeitüberschreitung durch Lernaufwand für technische Themen, das Team wird nicht in neuen Technologien geschult und hat auch nicht die Zeit bzw. das Know-How, sich dieses Wissen selbst anzueignen. | [33], [9] |
| **Projektleiter und Team haben noch keine oder wenig Erfahrung mit ähnlichen Projekten aus fachlicher Sicht.**<br><br>Kosten- und Zeitüberschreitung durch Lernaufwand für fachliche Themen, Missverständnisse mit dem Kunden. | [33] |
| **Der Projektleiter verwendet keine Werkzeuge für die Führung des Projektes.**<br><br>Fehlender Überblick für alle Projektmitarbeiter, dadurch zu spät erkannte Probleme. | [33], [9] |

| **Bei der Umsetzung können keine Werkzeuge eingesetzt werden, alles muss von Hand ausprogrammiert werden.** | [33] |
|---|---|
| Hoher Aufwand für manuelle Umsetzung, obwohl es mit Werkzeugunterstützung schneller ginge. Es können keine bestehenden Frameworks und Komponenten eingesetzt werden. | |
| **Für die Umsetzung werden keine Standards verwendet.** | [33] |
| Qualitätsprobleme und Aufwand, weil Probleme nicht einheitlich gelöst werden. Es werden keine Programmierrichtlinien verwendet, keine Standardwerkzeuge und -protokolle, und keine Standardvorgehensweisen. Vor allem bei größeren Teams sind Standards sehr wichtig. | |

## Komplexität

| **Es müssen viele andere Systeme eingebunden werden.** | [33] |
|---|---|
| Technische Probleme der Fremdsysteme, Wartezeiten durch Fremdsystemprobleme, Missverständnisse bei der Integration. | |
| **Das System beinhaltet viele Komponenten, Objekte, Masken und Interaktionen.** | [18], [9] |
| Das Projekt bildet viele Prozesse mit vielen Schritten ab, es sind viele zusammenhängende Funktionen gefordert, es gibt viele Interaktionen mit anderen Systemen. In der Umsetzung gibt es viele Schichten, Klassen und wechselseitige Aufrufe. Die Qualitätssicherung ist nicht geeignet für ein Projekt dieser Art. | |
| **Die verwendeten Algorithmen sind schwierig (kompliziert).** | Erfahrung des Autors / Fallstudie |
| Die Entwicklung der Algorithmen ist schwierig, diese sind dann zwar möglichweise kurz, aber sehr schwer zu verstehen (kompliziert). | |
| **Das System manipuliert Daten in Fremdsystemen.** | Erfahrung des Autors / Fallstudie |
| Es werden Daten in Fremdsystemen verändert. Dadurch kann es bei Fehlfunktionen des zu implementierenden Systems zu Datenverlusten oder falschen Daten in anderen Systemen des Kunden kommen. | |

## Anforderungen

| **Die Anforderungen sind sehr grob und unklar, es ist mit vielen Änderungen zu rechnen.** | [18], [15] |
|---|---|
| Hoher Aufwand und Zeitüberschreitungen durch nachträgliche Änderungen. | |

## Design

| | |
|---|---|
| **Das gewählte Design deckt die Anforderungen nicht vollständig ab oder ist nur sehr grob.**<br>Manche Anforderungen sind noch nicht im Design berücksichtigt. Das Design ist nur sehr grob ausgearbeitet. | [9] |
| **Die Annahmen, auf denen das Design beruht, sind zu optimistisch oder unrealistisch.**<br>Nur im besten aller Fälle, wenn keine Probleme auftreten, kann das Design umgesetzt werden. Die Annahmen sind nicht durch Prototypen u.Ä. abgesichert. | [9] |
| **Die Performance des Systems basierend auf dem aktuellen Design ist nicht ausreichend.**<br>Die Performance (Antwortzeiten, Abfragezeiten, Ladezeiten, grafische Darstellung, ...) entspricht nicht den Anforderungen. | [9] |
| **Das System ist schwierig zu testen.**<br>Im aktuellen Design ist Testbarkeit zu wenig berücksichtigt, dadurch ist die Qualitätssicherung (automatisiert und / oder manuell) sehr schwierig. | [9] |
| **Die Tester wurden beim Softwaredesign nicht involviert.**<br>Bei Planung und Konzeption der Software wurden die Anforderungen aus Qualitätssicherungssicht nicht berücksichtigt, daher sind Qualitätssicherungsmaßnahmen schwierig. | [9] |
| **Die Hardware beschränkt die Performance des Systems.**<br>Die zu verwendende Hardware schränkt die Performance des Systems durch Grenzen an RAM, Plattenplatz, Leitungskapazitäten etc. ein. | [9] |

## Wiederverwendung und Fremdkomponenten

| | |
|---|---|
| **Die verwendeten Komponenten sind sehr neu und noch nicht fehlerfrei und stabil.**<br>Es werden neue Komponenten, Komponenten von unbekannten Herstellern oder sehr fehlerhafte Komponenten verwendet. | Erfahrung des Autors / Fallstudie |

## Programmierung

| | |
|---|---|
| **Das Design ist nicht oder kaum in Code umzusetzen.**<br>Das gewählte Design ist entweder nicht oder nur mit unvertretbar hohem Aufwand in funktionierenden Code umzusetzen. | [9] |

| Design und Spezifikation sind nicht ausreichend genau, um in Code umgesetzt zu werden. | [9] |
|---|---|
| Es sind viele Nachbesserungen und Kommunikation notwendig, um die Anforderungen in Code umsetzen zu können. Das Design muss häufig angepasst werden. | |
| **Qualitätssicherung** | |
| Das Qualitätssicherungskonzept ist nicht ausreichend, um die geforderte Qualität sicherzustellen. | [9], Erfahrung des Autors / Fallstudie |
| Es ist zu wenig Zeit für Qualitätssicherung geplant, es fehlen Performance- / Integrations- / UI- etc. Tests, Fehler können durch die geplanten Maßnahmen nicht gefunden werden. Side-Effekt Fehler durch Änderungen können nicht verhindert werden. Es werden keine Unit Tests, Code Reviews, Testautomatisierungen, Integrationstests, Performancetests und / oder Tests mit Echtdaten durchgeführt. | |

## 11.1.4 U: Vollständiges Risikoprofil für Risiko Monitoring

| Checklistenfrage (Titel und Beschreibung, gruppiert nach Bereich) | Quellen |
|---|---|
| **Vorgehensmodell und Methoden** | |
| Das Projekt unterscheidet sich in Vorgehensmodell und Abwicklung deutlich von der beim Auftragnehmer gelebten Vorgehensweise. | [33], [9] |
| Vorgehensmodell des Auftragnehmers ist nicht geeignet, ein Projekt dieser Art erfolgreich abzuwickeln (zu wenig Personal, Anforderungen können nicht behandelt werden, zu groß, …) | |
| Der Zeitrahmen für das Projekt ist sehr knapp. | Erfahrung des Autors / Fallstudie |
| Die für die Umsetzung zur Verfügung stehende Zeit ist sehr knapp bemessen. Es ist wenig bis kein Puffer für Verzögerungen oder ungeplante Ereignisse eingeplant. | |
| Das Projekt ist pauschal (Fixpreis) angeboten, das Budget ist sehr knapp bemessen. | Erfahrung des Autors / Fallstudie |
| Im Angebot muss eine Pauschalsumme angegeben werden, diese darf nur bei exakter Begründung und Abweichung von der ursprünglichen Spezifikation überschritten werden. Das Budget ist sehr knapp kalkuliert, es gibt keinen Puffer für Fehler und Überschreitungen. | |

| | |
|---|---|
| **Die Aufwandsschätzungen stimmen nicht mit den tatsächlichen Aufwänden überein.**<br>Die Aufwandsschätzungen sind zu optimistisch und können in der Umsetzung nicht eingehalten werden. | Erfahrung des Autors / Fallstudie |
| **Die Projektplanung ist nicht ausreichend.**<br>Es wurden wesentliche Bereiche der Planung (Zeitplanung, Funktionale Planung, Mitarbeiterplanung, ...) nicht oder nicht ausreichend durchgeführt und dokumentiert. | [9],<br>Erfahrung des Autors / Fallstudie |
| **Die Zeitplanung ist zu optimistisch bzw. unvollständig**<br>Die Zeitangaben sind unrealistisch oder sehr optimistisch, es wurden keine Pufferzeiten geplant, es fehlen wichtige Teile (Stabilisierung, Endtest, Abnahme, Installation, Nachbearbeitung, ...). | Erfahrung des Autors / Fallstudie |
| **Das Change Management ist nicht strukturiert und konsequent, Änderungen werden unstrukturiert und ungeplant abgewickelt.**<br>Es gibt keinen definierten Change Management Prozess, Änderungen sind nicht nachvollziehbar, viele Änderungen gehen am Projektleiter vorbei, bei Änderungen wird die Projektplanung nicht aktualisiert. | [9],<br>Erfahrung des Autors / Fallstudie |
| **Es wird kein ausreichendes Projektcontrolling durchgeführt, der Projektstatus ist oft unklar.**<br>Probleme werden zu spät erkannt, da es kein regelmäßiges und strukturiertes Projektcontrolling gibt. Es werden keine formalen Instrumente (Reports, ...) für das Projektcontrolling eingesetzt. | [9] |
| **Das Arbeiten mit dem Aufgabenmanagementsystem ist nicht klar geregelt.**<br>Es ist nicht klar definiert, wie Aufgaben einzutragen sind, wann eine Aufgabe als "fertig" bezeichnet werden darf, wer welche Daten eintragen muss (Planzeiten, ...) und wie Fehler einzutragen sind. | Erfahrung des Autors / Fallstudie |
| **Die Dokumentation ist nicht ausreichend für den Wissenstransfer zu neuen Teammitgliedern.**<br>Die Dokumentation ist nicht ausreichend, um neue Mitarbeiter schnell ins Projekt einarbeiten zu können. | Erfahrung des Autors / Fallstudie |

| Projektleiter und Team | |
|---|---|
| **Der Projektleiter hat wenig oder keine Erfahrung im Führen von Projekten.**<br><br>Aufwands- und Zeitüberschreitung durch falsche / fehlende Führung. Probleme bei Erhebung der Anforderungen durch Kommunikationsfehler. | [33] |
| **Projektleiter und Team haben nur selten oder noch nie erfolgreich zusammengearbeitet.**<br><br>Kommunikationsfehler bei Aufgabendelegation, dadurch Aufwands- und Zeitprobleme. Es gibt soziale Spannungen und Konflikte im Team. Es sind viele externe Mitarbeiter im Team, dadurch ist oft ein Arbeiten an einem Ort nicht möglich. | [33] |
| **Es sind externe Mitarbeiter beteiligt und übernehmen wesentliche Aufgaben.**<br><br>Gemeinsame Entwicklung am selben Ort ist nicht immer möglich. Wenn externe Mitarbeiter nicht mehr verfügbar sind, ist der Know-How Transfer schwierig. Externe Mitarbeiter verursachen bei ungeplanten Einsätzen hohe Kosten. | Erfahrung des Autors / Fallstudie |
| **Das Team bleibt während der Umsetzungszeit nicht stabil.**<br><br>Teammitglieder werden ausgetauscht oder gar ersatzlos abgezogen. | Erfahrung des Autors / Fallstudie |
| **Verantwortlichkeiten sind unklar definiert.**<br><br>Es ist nicht klar definiert, wer für welche Aufgaben zuständig ist bzw. wer für welche Fragen der richtige Ansprechpartner ist. Die Teammitglieder wissen nicht genau, welche Rolle sie haben. | [9] |
| **Die Kommunikation mit dem Kunden ist nicht ausreichend.**<br><br>Probleme werden nicht sofort kommuniziert, Änderungen werden nicht mit dem Kunden besprochen, Konflikte werden nicht sofort gelöst. | [9] , Erfahrung des Autors / Fallstudie |
| **Projektleiter und Teammitglieder haben zu wenig Zeit.**<br><br>Teammitglieder sind in vielen anderen Projekten involviert oder haben aus anderen Gründen zu wenig Zeit für das Projekt. Der Projektleiter ist zugleich Entwickler im Projekt. | Erfahrung des Autors / Fallstudie |
| **Know-How ist auf einzelne Mitarbeiter beschränkt.**<br><br>Wichtige Know-How Bereiche liegen bei einem einzigen Teammitglied. Fällt dieses aus, fehlt Know-How vollständig. | Erfahrung des Autors / Fallstudie |
| **Für die Zeit nach der Produktivsetzung ist das Team nicht definiert oder nicht optimal.**<br><br>Für die Supportphase sind gar keine oder zu wenige Mitarbeiter eingeplant. Es stehen keine Mitarbeiter des Umsetzungsteams zur Verfügung. | Erfahrung des Autors / Fallstudie |

## Kunde und Ansprechpartner

| | |
|---|---|
| **Das Projekt hat keine Unterstützung des Top Managements beim Kunden.**<br>Abbruch des Projektes bei Problemen, zu wenig Budget auf Kundenseite. | [33] |
| **Die Ansprechpartner auf Kundenseite kennen die Anforderungen nicht oder nur sehr vage.**<br>Probleme bei Anforderungsdefinition und zu wenig Feedback durch den Kunden.<br>Missverständnisse und Widersprüche in den Anforderungen. | [33] |
| **Die Ansprechpartner auf Kundenseite sind für das Projekt nicht passend.**<br>Die Ansprechpersonen sind nicht erreichbar, verfügen nicht über das nötige Know-How oder die nötige Entscheidungskompetenz. | [33], Erfahrung des Autors / Fallstudie |
| **Endanwender sind nicht in das Projekt eingebunden.**<br>Aufwand und Zeit für späte Korrekturen durch falsch spezifizierte Anforderungen. | [33] |
| **Die Ansprechpartner auf Kundenseite haben noch nie an Softwareentwicklungsprojekten mitgearbeitet.**<br>Missverständnisse in organisatorischen Belangen, Ungeduld und Unverständnis des Kunden bei Problemen, hoher Kommunikationsaufwand, Kunde erwartet absolute Fehlerfreiheit. | [33] |
| **Das neue System ist für den Kunden geschäftskritisch.**<br>Kunde toleriert nicht einmal kleinste Fehler, hoher Testaufwand. | [33] |
| **Die Ansprechpartner auf Kundenseite versuchen die Umsetzung zu erschweren oder gar unmöglich zu machen.**<br>Aus eigenen oder politischen Interessen torpedieren die Ansprechpartner die Zusammenarbeit. Für Probleme wird immer der Auftragnehmer verantwortlich gemacht, die Zusammenarbeit ist wenig konstruktiv und feindselig geprägt. | Erfahrung des Autors / Fallstudie |

## Erfahrung

| | |
|---|---|
| **Projektleiter und Team fehlt Know-How aus technischer Sicht, es sind keine Erfahrungen in den benötigten Technologien vorhanden.**<br>Kosten- und Zeitüberschreitung durch Lernaufwand für technische Themen, das Team wird nicht in neuen Technologien geschult und hat auch nicht die Zeit bzw. das Know-How, sich dieses Wissen selbst anzueignen. | [33], [9] |

**Projektleiter und Team haben noch keine oder wenig Erfahrung mit ähnlichen Projekten aus fachlicher Sicht.** [33]

Kosten- und Zeitüberschreitung durch Lernaufwand für fachliche Themen, Missverständnisse mit dem Kunden.

**Der Projektleiter verwendet keine Werkzeuge für die Führung des Projektes.** [33], [9]

Fehlender Überblick für alle Projektmitarbeiter, dadurch zu spät erkannte Probleme.

**Bei der Umsetzung können keine Werkzeuge eingesetzt werden, alles muss von Hand ausprogrammiert werden.** [33]

Hoher Aufwand für manuelle Umsetzung, obwohl es mit Werkzeugunterstützung schneller ginge. Es können keine bestehenden Frameworks und Komponenten eingesetzt werden.

**Für die Umsetzung werden keine Standards verwendet.** [33]

Qualitätsprobleme und Aufwand, weil Probleme nicht einheitlich gelöst werden. Es werden keine Programmierrichtlinien verwendet bzw. sind nicht vorhanden, keine Standardwerkzeuge und - protokolle, und keine Standardvorgehensweisen.

## Komplexität

**Es müssen viele andere Systeme eingebunden werden.** [33]

Technische Probleme der Fremdsysteme, Wartezeiten durch Fremdsystemprobleme, Missverständnisse bei der Integration.

**Das System beinhaltet viele Komponenten, Objekte, Masken und Interaktionen.** [18], [9]

Das Projekt bildet viele Prozesse mit vielen Schritten ab, es sind viele zusammenhängende Funktionen gefordert, es gibt viele Interaktionen mit anderen Systemen. In der Umsetzung gibt es viele Schichten, Klassen und wechselseitige Aufrufe. Die Qualitätssicherung ist nicht geeignet für ein Projekt dieser Art.

**Die verwendeten Algorithmen sind schwierig (kompliziert).** Erfahrung des Autors / Fallstudie

Die Entwicklung der Algorithmen ist schwierig, diese sind dann zwar möglichweise kurz, aber sehr schwer zu verstehen (kompliziert).

**Das System manipuliert Daten in Fremdsystemen.** Erfahrung des Autors / Fallstudie

Es werden Daten in Fremdsystemen verändert. Dadurch kann es bei Fehlfunktionen des zu implementierenden Systems zu Datenverlusten oder falschen Daten in anderen Systemen des Kunden kommen.

## Anforderungen

### Die Anforderungen ändern sich laufend. [9]

Neue Anforderungen kommen hinzu, bestehende werden präzisiert oder verändert. Dadurch sind hohe Aufwände für Neuplanung und Änderungen an fertigen Systemteilen notwendig. Hoher Kommunikationsaufwand

### Die Anforderungen sind unvollständig. [9]

Es gibt viele "Noch zu definieren" Punkte in den Anforderungen, Anforderungen sind nicht schriftlich definiert, Schnittstellen zu Fremdsystemen und die Interaktion mit diesen ist unvollständig.

### Die Anforderungen sind unverständlich bzw. falsch spezifiziert. [9]

Die schriftlich vorhandenen Anforderungen reichen nicht aus, um die Funktionen umzusetzen. Es gibt viele Missverständnisse über die Bedeutung der Spezifikationen.

### Die Anforderungen sind nicht oder kaum umsetzbar. [9]

Aus technischen, fachlichen oder anderen Gründen können Anforderungen nicht oder nur mit kaufmännisch nicht vertretbarem Aufwand umgesetzt werden.

## Design

### Das gewählte Design deckt die Anforderungen nicht vollständig ab oder ist nur sehr grob. [9]

Manche Anforderungen sind noch nicht berücksichtigt. Das Design ist nur grob ausgearbeitet.

### Die Annahmen, auf denen das Design beruht, sind zu optimistisch oder unrealistisch. [9]

Nur im besten aller Fälle, wenn keine Probleme auftreten, kann das Design umgesetzt werden. Die Annahmen sind nicht durch Prototypen u.Ä. abgesichert.

### Die Performance des Systems basierend auf dem aktuellen Design ist nicht ausreichend. [9]

Die Performance (Antwortzeiten, Abfragezeiten, Ladezeiten, grafische Darstellung, ...) entspricht nicht den Anforderungen.

### Das System ist schwierig zu testen. [9]

Im aktuellen Design ist Testbarkeit zu wenig berücksichtigt, dadurch ist die Qualitätssicherung (automatisiert und / oder manuell) sehr schwierig.

### Die Tester wurden beim Softwaredesign nicht involviert. [9]

Bei Planung der Software wurden die Anforderungen aus Qualitätssicherungssicht nicht berücksichtigt, daher sind Qualitätssicherungsmaßnahmen schwierig.

| | |
|---|---|
| **Die Hardware beschränkt die Performance des Systems.**<br>Die zu verwendende Hardware schränkt die Performance des Systems durch Grenzen an RAM, Plattenplatz, Leitungskapazitäten etc. ein. | [9] |
| **Wiederverwendung und Fremdkomponenten** | |
| **Die verwendeten Komponenten sind sehr neu und noch nicht fehlerfrei und stabil.**<br>Es werden neue Komponenten, Komponenten von unbekannten Herstellern oder sehr fehlerhafte Komponenten verwendet. | [9] |
| **Die wiederverwendeten Komponenten entsprechen nicht den Anforderungen.**<br>Die Komponenten sind qualitativ nicht ausreichend (Performance, Funktionen, Anpassbarkeit etc.) oder zu schlecht dokumentiert. | Erfahrung des Autors / Fallstudie |
| **Die Hersteller reagieren nicht oder nicht ausreichend bei Problemen.**<br>Bei auftretenden Fehlern ist der Hersteller nicht erreichbar oder kann das Problem nicht in ausreichend kurzer Zeit lösen. | [9] |
| **Programmierung** | |
| **Das Design ist nicht oder kaum in Code umzusetzen.**<br>Das gewählte Design ist entweder nicht oder nur mit unvertretbar hohem Aufwand in funktionierenden Code umzusetzen. | [9] |
| **Design und Spezifikation sind nicht ausreichend genau, um in Code umgesetzt zu werden.**<br>Es sind viele Nachbesserungen und Kommunikation notwendig, um die Anforderungen in Code umsetzen zu können. Das Design muss häufig angepasst werden. | [9] |
| **Entwicklungsrechner und Zielrechner stimmen nicht überein.**<br>Am Entwicklungsrechner sind Komponenten vorhanden, die für das Funktionieren der neuen Software notwendig sind, die aber am Zielrechner nicht vorhanden sein werden. | [9] |
| **Qualitätssicherung** | |
| **Das Qualitätssicherungskonzept ist nicht ausreichend, um die geforderte Qualität sicherzustellen.**<br>Es ist zu wenig Zeit für Qualitätssicherung geplant, es fehlen Performance- / Integrations- / UI- etc. Tests, Fehler können durch die geplanten Maßnahmen nicht gefunden werden. Side-Effekt Fehler durch Änderungen können nicht verhindert werden. Es werden keine Unit Tests, Code | [9], Erfahrung des Autors / Fallstudie |

Reviews, Testautomatisierungen, Integrationstests, Performancetests und / oder Tests mit Echtdaten durchgeführt.

| | |
|---|---|
| **Die Qualitätssicherung ist nicht ausreichend mit Mitarbeitern ausgestattet.**<br><br>Es gibt keine Trennung zwischen Qualitätssicherung und Entwicklung, die Qualitätssicherung wird nur vom Projektleiter durchgeführt | Erfahrung des Autors / Fallstudie |
| **Der Kunde ist zu wenig in die Qualitätssicherung integriert.**<br><br>Es gibt kein Testsystem für den Kunden, der Kunde weigert sich zu testen | Erfahrung des Autors / Fallstudie |
| **Das technische Qualitätssicherungssystem ist nicht ausreichend.**<br><br>Das Qualitätssicherungssystem bietet nicht die Rahmenbedingungen für ausreichende Tests (zu wenig Performance, zu wenig Speicher, …). Das Qualitätssicherungssystem ist aus zeitlichen Gründen (Lieferzeiten, …) nicht verfügbar. | [9] |
| **Es ist nicht möglich, realistische Testszenarien zu definieren und Testpläne zu erstellen.**<br><br>Für manche Anforderungen können keine realistischen Szenarien (Business Cases) definiert werden. Der Kunde stellt keine oder nicht ausreichende Testdaten zur Verfügung. Es ist nicht möglich, ein Szenario nachzubauen, mit dem Performancetests möglich sind. | [9] |
| **Es ist zu wenig Zeit für Tests vorhanden.**<br><br>Für die erforderlichen Tests (Funktionstests, Integrationstests, Performancetests, …) ist nicht ausreichend Zeit vorhanden. | [9] |
| **Produktivsetzung** | |
| **Es ist zu wenig Zeit für die Produktivinstallation und Systemintegration vorhanden.**<br><br>Die Zeit für die Installation am Zielsystem (von Produktiv- und Testsystemen) ist nicht ausreichend, ebenso ist die Zeit für die Integration mit Fremdsystemen nicht ausreichend. | [9] |
| **Es fehlen Ressourcen für die Produktivsetzung.**<br><br>Für die Produktivsetzung sind Mitarbeiter (intern und beim Kunden) notwendig, die nicht rechtzeitig geplant wurden und daher nicht verfügbar sind. Selbiges gilt für Hard- und Softwareressourcen. | [9], Erfahrung des Autors / Fallstudie |

## 11.2 Anleitung für Durchführung eines Projektreviews

Im Folgenden werden die einzelnen Übungen für den Projektreview genau beschrieben. Diese Beschreibungen sollen dem Moderator bei der Vorbereitung und Durchführung des Reviews helfen. Ist eine Übung einer Quelle aus der Literatur entnommen, so ist diese für weitere Informationen am Ende der Beschreibung angegeben.

| Einleitung und Überblick | |
| --- | --- |
| Zielsetzung | Der Moderator begrüßt alle Teilnehmer und erklärt Ziele und Ablauf des Reviews. |
| Beschreibung | • Vorstellung Moderator<br>• Begrüßung<br>• Zielsetzungen nennen<br>• Agenda zeigen |
| Dauer | 10 min |
| Materialien | • Präsentation mit Agenda<br>• Computer für Abspielen der Präsentation<br>• Projektor und Wand |
| Vorbereitung | -- |
| Quelle | -- |

| Zeitleiste erstellen | |
| --- | --- |
| Zielsetzung | In der Übung „Zeitleiste erstellen" soll gemeinsam der Ablauf des Projektes in Erinnerung gerufen werden. |
| Beschreibung | 1. Moderator: Flipchart Bogen an die Wand hängen und Zeitleiste darauf malen.<br>2. Alle: Jeder bekommt Post-Its und schreibt für ihn wichtige Ereignisse darauf. Zeit dafür: ca. 10 min |

| | |
|---|---|
| | 3. Alle: Ereignisse an die Zeitleiste kleben. |
| | 4. Alle: Gemeinsame Besprechung des Projektverlaufs. Reihum schildert jeder das für ihn wichtigste Ereignis und zeigt sein Artefakt. |
| Dauer | 50 min |
| Materialien | • Flipchart und Stifte für Zeitleiste<br>• Post Its |
| Vorbereitung | Alle<br>• Projektverlauf überlegen<br>• Ein Artefakt mitbringen, das sie mit dem Projekt verbinden (z.B. Dokumente, leere Red-Bull Dose, besondere Hardware, …) |
| Quelle | [22] |

| Überblick Status Quo | |
|---|---|
| Zielsetzung | Der Projektleiter stellt kurz den aktuellen Stand des Projektes und einen Ausblick auf die Zukunft dar. Besonders wichtig ist auch das Feedback des Kunden und der Anwender. |
| Beschreibung | 1. Projektleiter: Überblick über aktuellen Status<br>  a. Projektstatus<br>  b. Feedback Kunde und Anwender<br>  c. Besondere Kennzahlen, auf die man stolz sein kann (Aufwand Soll/Ist, LoC, Anzahl Anwender, …)<br>2. Projektleiter: Ausblick in die Zukunft<br>  a. Geplanter Einsatz beim Kunden<br>  b. Geplante Weiterentwicklungen<br>  c. Geplantes weiteres Projekt im Unternehmen |
| Dauer | 20 min |

| Materialien | -- |
|---|---|
| Vorbereitung | Projektleiter<br><br>• Projektstatus erheben<br>• Feedback von Kunde einholen<br>• Besondere, positive Kennzahlen auswählen und erheben |
| Quelle | -- |

## Lessons Learned

| Zielsetzung | Gemeinsam wird erarbeitet, was gut funktioniert hat, was schief gegangen ist und was man daraus für zukünftige Projekte übernehmen soll. |
|---|---|
| Beschreibung | 1. Moderator: Zwei Spalten auf Flipchart malen. Eine für „Übernehmen", die zweite für „Vermeiden"<br>2. Alle: Jeder bekommt 3 rote und 5 grüne Zettel (rot=schlecht, grün=gut)<br>3. Alle: Jeder für sich mindestens 3 grüne Zettel erstellen und maximal 3 rote. Zeit dafür: ca. 20 min<br>4. Alle: Nacheinander Ergebnisse auf Chart kleben<br>5. Alle: Gemeinsame Besprechung<br>6. Alle: Auswahl von max. 2 Maßnahmen für die kommenden Projekte. Nötigenfalls Abstimmung. Zeit dafür: ca. 25 min |
| Dauer | 60 min |
| Materialien | • Flipchart und Stifte<br>• Rote und grüne Zettel (ca. Postkartengröße) |
| Vorbereitung | -- |
| Quelle | [36] |

## Risiken beleuchten

| | |
|---|---|
| Zielsetzung | Es wird erarbeitet, welche Risiken auftraten, ob diese rechtzeitig erkannt wurden und wie gut die getroffenen Maßnahmen funktioniert haben. |
| Beschreibung | 1. Projektleiter: Berichtet, was die größten Risiken waren, wann und wie diese erkannt wurden und welche Maßnahmen getroffen wurden<br>2. Alle: Beleuchten, ob die Maßnahmen effektiv waren. Der Moderator schreibt dabei Risiken und effektive Maßnahmen auf einem Flipchart mit. |
| Dauer | 30 min |
| Materialien | • Flipchart und Stifte zum Mitschreiben |
| Vorbereitung | Projektleiter<br>• Risikomanagement Dokumente analysieren (Risiken, Maßnahmen) |
| Quelle | -- |

## Positives Feedback

| | |
|---|---|
| Zielsetzung | Alle Projektteammitglieder geben sich gegenseitig positives Feedback. Dadurch werden Stärken hervorgehoben und die gegenseitige Wertschätzung im Team sichtbar. Alle fühlen sich danach besser. |
| Beschreibung | 1. Projektleiter: Gibt reihum zu jedem Teammitglied ein positives Feedback zur Arbeit im Projekt.<br>Je nach Teamgröße:<br>2. Kleines Projektteam (bis max. 4 Personen): Jeder gibt jedem ein positives Feedback<br>3. Großes Projektteam (> 4 Personen): Jeder gibt ein positives |

| | |
|---|---|
| | Feedback zum Projektleiter und wenn gewünscht zu anderen Personen |
| Dauer | 20 min |
| Materialien | -- |
| Vorbereitung | -- |
| Quelle | -- |

| **Abschluss** | |
|---|---|
| Zielsetzung | Der Moderator schließt den Review Workshop und gibt einen Ausblick auf die nächsten Schritte. |
| Beschreibung | 1. Moderator: Dank für die Mitarbeiter und die Ergebnisse aussprechen<br>2. Moderator: Nächste Schritte erklären<br>3. Moderator: Freiwillige für die Erstellung der Dokumentation suchen<br>4. Moderator: Termin formal schließen |
| Dauer | 10 min |
| Materialien | -- |
| Vorbereitung | -- |
| Quelle | -- |

## 11.3 Konzeptdokument für Einführung Risikomanagement (Projektauftrag)

### 11.3.1 Vision

In unseren Projekten werden Risiken vom Projektleiter aktiv überwacht und behandelt. Die dazu verwendeten Prozesse, Werkzeuge und Methoden sind einfach und mit wenig Aufwand anzuwenden. Über Reviews wird das Risikomanagement laufend verbessert. Dadurch erkennen wir Probleme früher, können viele davon vermeiden oder zumindest in ihren Auswirkungen abfedern.

### 11.3.2 Nutzen durch das Risikomanagement

#### 11.3.2.1    Nutzen für den Projektleiter

- Wichtige Punkte für Besprechungen und Maßnahmen werden nicht vergessen.
- Das Risikomanagementsystem dient als Plattform für Lessons Learned und Lösungsideen aus Projekten.
- Lösungen zu konkreten Problemen und Risiken müssen nicht immer neu erfunden werden.
- Das Risikomanagementsystem liefert Ideen und Tipps, an die sich der Projektleiter halten kann. Das gibt ihm mehr Zeit für die fachliche Projektarbeit mit dem Kunden.
- Der Aufwand für die Durchführung der Risikomanagement Aktivitäten ist durch eine gute Toolunterstützung gering.
- Neuen Projektleitern dient das Risikomanagement als Know-How Lieferant.
- Das Risikomanagement liefert eine Richtschnur (Meilensteine, Checklisten) für die strukturierte Umsetzung von Projekten.
- Der Projektleiter muss weniger Zeit für die unmittelbare Schadenbehebung und –begrenzung aufwenden und kann seine Zeit der Führung und inhaltlichen Abwicklung des Projektes widmen.
- Bessere Übersicht über das Projekt und mögliche Gefahrenquellen.

#### 11.3.2.2    Nutzen für Projekt-Stakeholder (Projektleiter, Kunde, Team)

- Probleme werden frühzeitig erkannt und angesprochen, im Idealfall schon vor dem Projektstart.

---

- Der Projektleiter führt das Projekt professioneller als er das ohne Risikomanagement tun könnte. Dies gibt sowohl dem Kunden, als auch dem Team Sicherheit.

- Da die Anzahl der akuten Probleme und deren Schweregrad sinkt, ist die Umsetzung des Projektes für alle Beteiligten weniger stressig und belastend (weniger Feuerwehreinsätze notwendig).

- Die Projekte werden für alle Beteiligten besser planbar, da weniger unerwartete Probleme auftreten.

### 11.3.2.3    Nutzen für das Unternehmen

- Daten aus dem Risikomanagement dienen als Grundlage für projektübergreifende Auswertungen und Ausgangspunkt für Verbesserungen.

- Es gibt weniger Zeit- und Kostenüberschreitungen, da die Anzahl und Schwere der auftretenden unerwarteten Probleme sinkt.

- Die Multi-Projektkoordination wird einfacher, da die Planbarkeit der Projekte steigt.

- Die Kundenzufriedenheit steigt, da das Vertrauen in die Projektabwicklungskompetenz des Unternehmens steigt.

### 11.3.3 Führungsteam für die Einführung des Risikomanagements

Das Führungsteam des Einführungsprojektes setzt sich aus Mitgliedern des Management Teams und ausgewählten Projektleitern zusammen. Somit ist sichergestellt, dass sowohl die notwendige Top-Management Unterstützung vorhanden ist, als auch die Anforderungen der Anwender (der Projektleiter) in ausreichendem Maße berücksichtigt werden.

Das Führungsteam besteht aus folgenden Personen:

- **Projektleiter für Einführung:** In späterer Folge Risikomanager. Verantwortlich für die erfolgreiche Einführung. Projektleitung und Entwicklung des Werkzeugentwicklungsprojektes. Coach der Projektleiter bei den ersten Einsätzen.

- **Vertreter des Vertriebs:** Einbringen von Know-How aus Vertriebssicht.

- **Projektleiter des Pilotprojektes:** Vertretung der Endanwendersicht.

### 11.3.4 Umsetzungsstrategie

### 11.3.4.1 Grundprinzipien des Risikomanagements

- Die Geschäftsführung sieht Risikomanagement als Erfolgsfaktor für die Projektabwicklung und unterstützt das Einführungsprojekt wo notwendig.
- Das Risikomanagement ist ein zentraler Baustein im Projektvorgehensmodell, die Verantwortung dafür ist direkt in der Geschäftsführung in der Rolle des Risikomanagers verankert.
- Der Risikomanagementprozess in einem Projekt besteht aus fünf Schritten (P1-3, U, Review).
- Das Risikomanagement ist voll auch schon in den Vertriebsprozess integriert.
- Das Risikomanagement wird laufend durch Reviews und andere Maßnahmen verbessert.
- Bei der Durchführung der Risikomanagementaktivitäten im Projekt wird der Projektleiter durch geeignete Werkzeuge unterstützt.
- Für die Durchführung der Risikomanagementaktivitäten im Projekt ist der Projektleiter verantwortlich.
- Sämtliche Aktivitäten im Risikomanagement werden schriftlich dokumentiert und sind somit nachvollziehbar.
- Das Risikomanagement ist in das Vorgehensmodell der Projektabwicklung integriert.
- Das Risikomanagement kann flexibel an das jeweilige Projekt angepasst werden.
- Das Risikomanagement ist ein Instrument für den Projektleiter. Es wird aus Sicht des Unternehmens betrieben, eine direkte Einbindung des Kunden ist nicht vorgesehen (obschon es Nutzen auch für den Kunden bringt).

### 11.3.4.2 Schritte im Einführungsprozess

**Projektvorbereitungsphase**

1. Start des Projektes durch Geschäftsführung und Projektteam
2. Anpassung der Methoden an das Unternehmen
3. Vorstellung des Vorhabens für alle Mitarbeiter

**Konzeptionierungsphase**

1. Pilotprojekt zur Validierung der Methoden

2. Detaillierte Konzeptpräsentation für alle interessierten Mitarbeiter
3. Vorstellung der Ergebnisse aus dem Pilotbetrieb für alle Mitarbeiter
4. Workshop für Anforderungserhebung für Werkzeug für alle interessierten Mitarbeiter

**Implementierungsphase**

1. Laufende Statusberichte
2. Einzelgespräche mit den Betroffenen
3. Entwicklung der Werkzeuge für den Produktiveinsatz

**Einsatzvorbereitungsphase**

1. Schulung der Anwender und Rolloutvorbereitung

**Einsatzstart**

1. Start des Einsatzes in allen Projekten

**Laufender Betrieb**

1. Laufendes Monitoring der Effektivität und Effizienz des Risikomanagements
2. Laufende Verbesserung

### 11.3.4.3   Kommunikationsstrategie

Ein zentraler Erfolgsfaktor im Einführungsprojekt ist, wie gut die Betroffenen dafür gewonnen werden können, das Risikomanagement in ihren Projekten einzusetzen. Um dies möglichst gut zu schaffen, werden in den einzelnen Projektphasen folgende Kommunikationsmaßnahmen eingesetzt:

1. **Projektvorbereitungsphase**
   a. Präsentation Grobkonzept vor Geschäftsführung
   b. Ankündigung des Projektes vor allen Mitarbeitern
   c. Laufende Arbeitsmeetings des Projektteams
2. **Konzeptionierungsphase**
   a. Detaillierte Konzeptpräsentation vor allen interessierten Mitarbeitern
   b. Präsentation der Ergebnisse aus dem Pilotprojekt für alle Mitarbeiter
   c. Workshop zur Erhebung von Anforderungsideen für das Werkzeug

    d. Erstellung einer Seite im Projektmanagement Bereich im Intranet

    e. Laufende Arbeitsmeetings des Projektteams

3. **Implementierungsphase**

    a. Laufende Statusberichte für alle Mitarbeiter

    b. Laufende Arbeitsmeetings des Projektteams

4. **Einsatzvorbereitungsphase**

    a. Schulungen aller potenziellen Projektleiter im Risikomanagement (Methoden, Prozess, Werkzeuge)

    b. Erstellung Risikomanagement Handbuch

5. **Einsatzstart**

    a. Kick-Off Präsentation

    b. Am selben Tag wie Kick-Off Information über den Start per E-Mail an alle Mitarbeiter

6. **Laufender Betrieb**

    a. Ehestmöglich Information über erste Erfahrungen

    b. Laufend Berichte über Erfahrungen und Verbesserungen

    c. Regelmäßige Workshops mit Risikomanager und Projektleiter zur Verbesserung des Risikomanagements

### 11.3.5 Rollen und Aufgaben im Risikomanagement

Die folgenden Rollen beschreiben die Rollen im Einsatz des Risikomanagements, nicht die Rollen im Einführungsprojekt.

### 11.3.5.1 Risikomanager

Der Risikomanager ist für den unternehmensweiten erfolgreichen Einsatz des Risikomanagements verantwortlich. Er koordiniert alle projektübergreifenden und außerhalb der Projekte stehenden Themen zum Risikomanagement.

- Letztverantwortung für alle inhaltlichen und prozessbezogenen Themen im Bereich des Risikomanagements
- Sicherstellen, dass Risikomanagement eingesetzt wird
- Überwachung der Effektivität und Effizienz des Risikomanagements
- Schulung neuer Projektleiter und Vertriebsmitarbeiter im Einsatz des Risikomanagements

- Coaching der Projektleiter und Vertriebsmitarbeiter beim Einsatz des Risikomanagements
- Anstoßen von Verbesserungen des Risikomanagements
- Ansprechpartner bei Problemen mit dem Risikomanagement
- Ansprechpartner für Feedback und Ideen im Bereich des Risikomanagements
- Moderation der Projekt Reviews
- Produktmanagement des Risikomanagement Werkzeugsets

### 11.3.5.2 Projektleiter

Jeder Projektleiter ist für den erfolgreichen Einsatz des Risikomanagements in der Umsetzungsphase seiner Projekte verantwortlich.

- Einsetzen der Risikomanagement Werkzeuge
- Unterstützung des Vertriebs im Risikomanagement in der Vertriebsphase
- Maßnahmen für Risiken auswählen oder neu entwickeln
- Überwachung der Maßnahmenumsetzung
- Laufendes Risiko Monitoring im Projekt auf neue und geänderte Risiken
- Ansetzen des Projekt Reviews
- Beratung des Risikomanagers

### 11.3.5.3 Vertrieb

Der Vertrieb ist für den erfolgreichen Einsatz des Risikomanagements in der Vertriebsphase verantwortlich.

- Durchführen des Risikomanagements während der Vertriebsphase
- Anfordern von Unterstützung durch Entwickler oder Projektleiter
- Maßnahmen zur Risikominderung oder Abwehr in der Vertriebsphase auswählen, neu entwickeln und durchführen
- Übergabe des Risikomanagements an die Projektleitung für die Umsetzung

### 11.3.5.4 Entwickler und Projektteammitglied

Jeder Entwickler ist dafür verantwortlich, den Projektleiter auf neu auftretende Risiken oder Probleme bei der Maßnahmenumsetzung aktiv hinzuweisen.

- Aktives Hinweisen des Projektleiters auf neue und geänderte Risiken

- Aktives Hinweisen des Projektleiters auf Probleme bei der Maßnahmenumsetzung
- Unterstützung von Vertrieb und Projektleiter bei Risikoanalyse und Maßnahmenentwicklung
- Durchführung der zugeteilten Maßnahmen

### 11.3.6 Weitere wichtige Punkte

#### 11.3.6.1 Kennzahlen für das Monitoring des Risikomanagements

Ob das Risikomanagement effektiv und effizient eingesetzt wird, muss vor allem in der ersten Zeit (zumindest im ersten Jahr nach dem Einsatzstart) genau verfolgt werden. Es wird dazu ein Kennzahlensystem erstellt, mit dem die Effektivität und Effizienz des Risikomanagements gemessen werden kann.

Folgende Kennzahlen könnten darin enthalten sein:

- Anteil Projekte, in denen Risikomanagement eingesetzt wird
- Anzahl von getroffenen Maßnahmen pro Projekt
- Anzahl ans Projekt angepasster Fragen und Maßnahmen
- Anzahl unterschiedlicher Personen, die das Risikomanagement einsetzen
- Anteil der Projekte, in denen alle Risikomanagement Schritte absolviert werden
- Je Risikomanagement Schritt: Anzahl der Projekte, in denen er absolviert wurde
- Schriftliche Bewertung des Risikomanagements durch Kunden (Schulnotenskala)
- Abweichung zwischen Risikoprofil am Beginn des Projektes und am Ende des Projektes (Risikoabschätzung im Projektreview nochmals durchführen)
- Anteil Projekte, die In-Time und In-Budget umgesetzt werden
- Aufwand für Durchführung Risikoassessments je Projekt

### 11.3.7 Mögliche Hindernisse im Einführungsprojekt und Maßnahmen dazu

- **Die Projektleiter verwenden das Risikomanagement nicht, da sie keinen Bedarf sehen.**
  - o Nutzen klarmachen
  - o Einen mächtigen Fürsprecher ins Boot holen
  - o Geschäftsführung macht Einsatz verpflichtend
  - o Einsatz als Zielvorgabe für Projektleiter (zu Rollendefinition dazu)
- **Das Werkzeug für die Projektleiter ist zu komplex und umständlich.**
  - o Mit einfacher Basisversion starten
  - o Erste Version evolutionär entwickeln
  - o Viel Feedback der Projektleiter einholen
  - o Projektleiter in Anforderungsdefinition einbinden
- **Die Checklistenpunkte passen nicht für die konkreten Projekte.**
  - o Checklistenpunkte für Projekt anpassbar machen (Titel)
  - o Erklärungstexte anpassen
  - o Neue Checklistenpunkte dazu nehmen
  - o Schulung für Anwender
- **Die Checklistenpunkte sind zu allgemein, dadurch ergibt sich kein ausreichender Nutzen. Viele Risiken werden vom Risikomanagement nicht erfasst.**
  - o Checklistenpunkte für Projekt anpassbar machen (Titel)
  - o Erklärungstexte anpassen
  - o Neue Checklistenpunkte dazu nehmen
- **Der Vertrieb verwendet das Risikomanagement nicht, erst in der Projektumsetzung wird es eingesetzt.**
  - o Risikomanager kontrolliert Einsatz auch im Vertrieb
  - o Einsatz als Zielvorgabe für Vertrieb (zu Rollendefinition dazu)
- **Die Einführung muss verschoben werden, da die Werkzeugentwicklung zu lange dauert.**
  - o Mit einfacher Basisversion starten
  - o Einsatz eines bekannten Applikation Frameworks
  - o Zu festgelegtem Termin mit Minimalversion starten

- **Nach dem Rollout wird das Risikomanagement zwar eine Zeitlang verwendet, bald geht der Einsatz aber zurück.**
  - o Risikomanager kontrolliert Einsatz
  - o Einsatz als Zielvorgabe (zu Rollendefinition dazu)
  - o Laufende Meetings zwischen Risikomanager und Projektleitern
- **In jedem Projekt gibt es sehr viele Anpassungen an den Checklistenpunkten, es ergibt sich kein auswertbares Datenmaterial.**
  - o Starke Führung des Risikomanagement Bereichs durch Risikomanager
  - o Workshop, in dem Checklisten komplett neu gestaltet werden
  - o Laufende Anpassung und Weiterentwicklung des Risikomanagement Werkzeugs

### 11.3.8 Mögliche Nachteile durch Einsatz des Risikomanagements

- Der Aufwand für den Einsatz des Risikomanagements in einem Projekt ist höher als Nutzen durch abgewendete Probleme.
- Durch die Konzentration auf negative Aspekte im Projekt gehen Innovationsbereitschaft und Motivation zurück.
- Risikomanagement kann nicht alle Probleme verhindern. Es werden immer wieder ungeplante Probleme auftreten.
- Es braucht viel Zeit, bis das Risikomanagement fix bei allen Projektleitern verankert und das notwendige Know-How für den effektiven und effizienten Einsatz geschaffen ist.
- Das Risikomanagement ist nicht für jedes Projekt sinnvoll (z.B. zu kleine Projekte).
- Wenn das Risikomanagement aus Mangel an Top-Management Unterstützung wieder verschwindet, verschlechtert das die Glaubwürdigkeit des Einführungsteams.